"一带一路"国别文

缅甸

MYANMAR

中国银行股份有限公司
社会科学文献出版社 编

社会科学文献出版社
SOCIAL SCIENCES ACADEMIC PRESS (CHINA)

缅甸
MYANMAR

中国驻缅甸大使馆

（Embassy of the People's Republic of China in Republic of the Union of Myanmar）

地址：NO.1, Pyidaungsu Yeiktha Road, Dagon Township, Yangon

领事保护热线：0095-943209656

注：其他领事馆信息详见附录二

缅甸
MYANMAR ·

序

　　2013 年，国家主席习近平在出访中亚和东南亚国家期间，先后提出共建"丝绸之路经济带"和"21 世纪海上丝绸之路"的重大倡议，向全世界宣告了亿万中国人民谋求和平发展，与沿线国家和地区共同合作、共建繁荣的美好愿景。"一带一路"战略布局无疑成为当今世界最大的系统性工程，得到国际社会的广泛响应。

　　道之大者，为国为民。作为中华民族金融业的旗帜，中国银行早已将"为社会谋福利，为国家求富强"的信念植入血脉。在一百多年的发展进程中，不断顺应历史潮流，持续经营、稳健发展，为民族解放、社会进步、国家繁荣做出重要贡献。站在新的历史机遇期，以"担当社会责任"为己任，以"做最好的银行"为目标的中国银行，依托百年发展铸就的品牌价值和全球服务网络，利用海外资金优势，实现全球资源配置，护航"一带一路"战略，不仅具有得天独厚的优势，更是义不容辞的责任。

　　金融业是经贸往来的"发动机"和"导流渠"，是支持"一带一路"建设的中坚力量。中国银行作为国际化、多元化、专业化程度最高的国有股份制商业银行，截至2015年底，已在"一带一路"沿线18个国家设立分支机构，未来，将持续完善全球布局，增加对"一带一路"沿线国家的机构覆盖。可以肯定地讲，中国银行完全有能力承担起国家赋予的责任与使命，为构建"一带一路"金融大动脉做出重要而独特的贡献。

　　"一带一路"建设投资规模大、周期长，涉及众多国家和地区，金融需求跨地区、跨文化差异明显，这对银行业提出了新的挑战。如何跟上国家对外投资的步伐，如何为"走出去"企业铺路搭桥，如何入乡随俗、实现文化融合，成为我行海外发展面临的一系列重要问题。《文化中行——"一带一路"国别文化手册》（以下简称《手册》）正是在这个大背景下应运而生。《手册》从文化角度出发，全面介绍了我行已设和筹设分支机构的"一带一路"沿线国家的政治经济环境、金融发展业态、民俗宗教文化等，为海外机构研究发展策略、规避经营风险、解决文化冲突、融入当地社会提供实用性、前瞻性的指导和依据。对我行实现跨文化管理，服务"走出去"企业，指导海外业务发展，发挥文化影响力，实现集团战略都具有重要的价值。

最好的银行离不开最好的文化。有胸怀、有格局的中行人，以行大道、成大业的气魄，一手拿服务，一手拿文化，奔走在崭新又古老的"丝路"上。我们期待《手册》在承载我行价值理念，共建区域繁荣的道路上占有重要一席，这也正是我们实现文化"走出去"战略的题中应有之义。

2015 年 12 月

目录

第四篇
双边关系

附　录

缅甸
MYANMAR

第一篇

国情纵览

缅甸
MYANMAR···

一 人文地理

1 地理概况

缅甸联邦共和国（the Republic of the Union of Myanmar），简称缅甸，地处中南半岛西北部，位于青藏高原和马来半岛之间，东北与中国毗邻，西北与印度和孟加拉国相接，东南与老挝、泰国交界，西南濒孟加拉湾和安达曼海，海岸线长 2832 公里，国土面积为 67.66 万平方公里。森林覆盖率为 50% 以上。地势北高南低，以山地、高原和丘陵为主，大河的中、下游均为平原，山川呈南北走向。北部高山区海拔 3000 米以上，东北部为掸邦高原，介于西部山地和高原之间的伊洛瓦底江平原，是国内经济最发

缅甸地理位置

缅甸黄金塔
图片提供：达志影像

达的地区。主要河流有伊洛瓦底江、萨尔温江等。

　　缅甸首都是内比都（Nay Pyi Taw），2005年由仰光迁此。

2　历史沿革

　　1044年形成统一国家，历经蒲甘、东吁和贡榜三个封建王朝。1886年英国将缅甸划为英属印度的一个省。1948年1月4日，缅甸脱离英联邦宣布独立，建立缅甸联邦。2011年1月3日，缅甸联邦议会举行首次会议，新宪法生效，国名更换为缅甸联邦共和国。2012年4月1日，缅甸举行议会补选，昂山素季领导的全国民主联盟赢得多数补选议席，成为议会第一大反对党。

3　人口综述

2014年人口普查数据显示，缅甸有人口5141.9万人，共有135个民族，主要有缅族（约占65%）、掸族（约占8.5%）、克伦族（约占6.2%）、若开族（约占5%）、孟族（约占3%）、克钦族（约占2.5%）、钦族（约占2.2%）、克耶族（约占0.4%）等。华人华侨约250万人。

4　语言文字

缅甸官方语言为缅语、英语，各少数民族均有自己的语言，其中克钦族、克伦族、掸族和孟族等有自己的文字。

特别提示

★ 缅甸约有250万华人华侨。

★ 缅甸首都内比都，人口约有115.8万人，位于东六区，比北京时间晚一个半小时，无夏令时。

★ 2005年，缅甸政府将首都从最大城市仰光迁至内比都（前称彬马那）。缅甸是一个以农业为主的国家，从事农业的人口超过60%，农产品主要有稻米、小麦、甘蔗等。

★ 缅甸国土面积67.66万平方公里，在东南亚国家中仅次于印度尼西亚，是东南亚第二大国家。由于在地理位置上与中国和印度毗邻，加之自然资源丰富，开发潜力巨大，因此缅甸在亚太地缘战略格局中的重要性愈发凸显。

★ 旅缅侨胞遍及全缅各省、邦、联邦区，相对集中在大中城市。他们主要来自云南、福建、广东，亦有少数来自广西、四川、山东、湖南、湖北和浙江等地。云南籍侨胞主要集中在曼德勒、腊戊、景东、当阳、密支那、木姐、八莫、大其力等缅北地区。福建和广东籍侨胞相对集中在仰光、勃生、内比都、毛淡棉、土瓦、丹姥、妙瓦底等缅东南地区。

二 气候状况

1 气候条件

　　缅甸处于北纬10°～28°，整个国土在赤道以北，大部分地区在北回归线以南，属热带。缅甸处于热带季风气候带，中部和南部相对来说不太炎热。北部多山，气温也不太高。缅甸大部分国土在北热带，只有缅北小部分土地在北温带，温差较大，气候较为特殊。伊洛瓦底江上游以及掸邦高原海拔1000～2000米的地区"四季如春"，全年有一两个月会降霜雪，其余各月平均气温为10℃～22℃。温度年变化微小，但昼夜及晴雨之间，温度变化较大。中国滇西"终年无寒暑，一雨便成冬"的俗语，在这里也适用。

　　缅甸除5～10月的雨季大量降雨外，其余时间降雨量特别少。

　　若开、德林达依两个沿海地带，伊洛瓦底江三角洲和北部高原是降雨量最多的地方。伊洛瓦底江中游地区降雨量最少，年降雨量不到1000毫米，是缅甸著名的干旱区。而掸邦高原、伊洛瓦底江上游、钦敦江流域雨量适中。

2 主要自然灾害

　　2008年5月2～3日，强热带风暴"纳尔吉斯"袭击了缅甸5个省、邦，造成重大人员伤亡和财产损失，其中仰光省和伊洛瓦底省受灾最为严重。有报告指出，风灾造成的经济损失占缅甸国内生产总值的21%。风灾造成84537人死亡，53836人失踪，19359人受伤。受灾人口为735万人，严重受灾人口达到240多万人。

特别提示

★ 缅甸地理位置优越，区位优势明显，水运比较发达。

★ 缅甸资源丰富，尤其是矿产资源，以宝石为多。

三　文化国情

1　民族

　　缅甸是一个多民族的国家。1983 年，缅甸政府宣布，缅甸境内共有 135 个民族，主要有 8 大族群，即缅族族群、克伦族族群、掸族族群、若开族族群、孟族族群、克钦族族群、钦族族群和克耶族族群，每个族群又有多个民族。

2　宗教

　　缅甸是一个多宗教的国家。缅甸人信仰的宗教主要有佛教、原始拜物教、伊斯兰教、印度教和基督教。影响最为广泛、深入并为绝大多数缅甸人信仰的宗教是南传上座部佛教，俗称小乘佛教。缅甸政府也十分重视佛教的作用。从文化的角度看，缅甸文化带有很深的佛教文化的印记。而原始拜物教、神灵崇拜在缅甸仍有不小的影响，在缅甸传统文化中也有较深的积淀。印度教、伊斯兰教、基督教在缅甸不同的地区和不同的民族尤其是少数民族中也有一定的影响。

扩展阅读：缅甸的佛教

　　缅甸是个"佛光普照的国度"。小乘佛教在缅族、

蒲甘寺庙
图片提供：达志影像

孟族、掸族等许多民族中几乎是全民性的信仰，佛教
徒约占总人口的 85%，占缅族人口的 98%，占掸族、
孟族人口的 95% 以上。由于佛教历史悠久，佛教传统
深入人心，佛教文化的巨大影响已深入缅甸的哲学、
文化、艺术、伦理、教育、建筑、医学等各个方面；
加之缅甸现代化进程缓慢，传统生活方式较少受到冲
击和影响，佛教迄今仍广泛地影响着缅甸社会各个阶
层和社会生活的各个领域。大多数缅甸人一生都离不
开佛教，出生、命名、结婚、殡葬等都要迎请僧侣做
佛事。

　　1997 年，全国共有 51322 个佛寺，平均不到
1000 人就有一个佛寺。僧侣的讲经说道以及寺院本
身的教育作用和长期的熏陶，对缅甸人的信仰和思想

影响巨大。佛教的"缘起""无我""无常"等基本教义，"轮回""报应"的思想，"五戒""十戒"等戒律，对塑造广大信徒的世界观、道德观和行为方式甚至性格，都发挥着重大作用。

佛教有北传（包括中国汉地、西藏以及日本、韩国、朝鲜、越南等国的佛教）、南传两大派别。它们的基本教义一致，但也有一些不同之处。缅甸佛教属于南传上座部佛教即俗称的小乘佛教。一般认为，小乘佛教是更为严格地遵循原始佛教传统、偏于保守的佛教派别，使用的经典为巴利文三藏经。它与大乘佛教的主要区别是，在教义和修行方法上大乘佛教强调普度众生，主张以成佛为目的；小乘佛教偏重自我解脱，以修成阿罗汉为目的。在佛陀观（对佛的看法）上，小乘佛教认为佛只有一个，就是释迦牟尼，而且一般认为释迦牟尼是一个历史人物，佛教的始祖；大乘佛教则把释迦牟尼视为导师并加以神化，大乘佛教还认为十方三世有无量数的佛，并把菩萨作为成佛的准备。从信众看，小乘佛教流行地区一般为全民信仰，男子一生中都有一段时间出家修行。此外，在生活方式上也多有不同。

缅甸佛教宗派众多，20世纪80年代正式登记注册的佛教教团分为9个派别，它们是善法派、瑞京派、大门派、根门派、西河门派、竹林派、捏顿派、目古多派和摩诃英派。各派在宗教思想上并无差别，都以巴利文三藏经为经典，遵循小乘佛教的制度、教义。它们的主要区别是在戒律方面，特别是关于携带东西和穿着的规定。教团中最大的两派是善法派和瑞京派。善法派是反传统的教派。瑞京派则保守一些，在戒律方面也较严格。善法派戒律较为宽松，允许打伞和穿屐，允许咀嚼槟榔、看戏和抽烟，还允许在念诵特定的经文时用扇子。瑞京派则主张在午后才准咀嚼槟榔，严禁吸烟、乘马（车）、看戏和用咒符。大门派则更是严守经典上所载明的戒律。瑞京派和大门派僧侣从寺院外出的时候，左右肩上都要披上袈裟。而善法派可以露出右肩，并可以参与乡村或社会活动。

近年来，缅甸政府已将全国各教派组织起来，统一领导，统一管理，以使各教派互相了解和更加团结，并积极鼓励各教派之间消除分歧，自愿合并。

特别提示

★ 缅甸约有85%的人信仰佛教，约5%的人信仰基督教，8%的人信仰伊斯兰教，约0.5%的人信仰印度教，1.21%的人信仰神灵。

3 风俗与禁忌

（1）民族服饰

缅甸有很多民族，衣着丰富多样，各有不同。

缅族，不论男女下身都围纱笼，男式纱笼叫"笼基"或"柏梭"，女式纱笼叫"特敏"。虽然男女穿法稍有不同，但色彩都一样艳丽。男女上衣均为右衽，也有对襟的。男子上衣为无领对襟长袖短衫，用一条或粉红、或黄或白的薄纱或丝绸帕包在头上，作为出席盛会的礼帽。女子的上衣多为斜襟长袖衫，衣袖长而窄，多为乳白色或粉红色，多用薄纱制成。妇女一般都留长发，卷发髻，喜欢插花。未婚少女在髻端露出一小撮头发，平时在家常把头发扎成一把，拖在脑后。妇女特别爱戴手镯、头饰、耳环、项链、戒指等。缅族很少穿鞋袜，喜欢穿拖鞋。进入佛塔或寺庙，则无论是平民百姓还是达官贵人或外国使节，必须脱鞋。

克伦族，衣着与缅族差不多，男女都穿纱笼，但上衣略有差别，穿对襟短袖短衫，妇女的服装色彩特别艳丽，往往绣有各种美丽的纹饰。

掸族，男子上身内穿衬衣，外穿上衣，上衣多为无领短褂，大襟或对襟排纽。下穿宽大的土布裤子，用布或毛巾包头。男子有文身习惯，身上都挂一把利刀，用来砍柴和防野兽。妇女喜穿白色或其他颜色稍浅的上衣，下穿宽而轻便的筒裙，用毛巾包头，随身挎一挂包，赤脚或穿拖鞋。未婚少女穿短上衣和纱笼。

钦族，服装因地而异，住在东北部的穿着厚实，住在南部的穿着较为单薄。男子通常在头顶上或脑后束一发髻，下身系一条腰巾，天冷时披一条毯子。女子身穿短衫和筒裙，用篾箍束腰，喜欢佩戴装饰品。

克钦族，男子一般喜欢穿对襟圆领的黑色短上衣，下面穿围布或短及膝盖的宽裤，也有人穿宽长裤。老人用一块黑布包头。青年喜欢用白布包头。妇女一般穿黑色短衫，下穿花围裙，佩戴银耳环和银手镯。男子身佩一把长刀，尤其是外出时更是必不可少。男子还有文身的习惯。有些克钦族人因受中缅边境汉族人的影响，也有着汉装的。一些克钦族妇女受平原地区掸族妇女的影响，也穿紧身白上衣和用白布包头。克钦族妇女往往还要佩戴一串串银圆圈。

克耶族，男子大都缠白头巾或花头巾，上身穿有各种条纹的对襟短袖土布外衣，下身穿红、白或黑色短裤，挂腰刀或匕首。妇女挽发髻于头顶上或脑后，插头针、竹梳或银梳，缠头巾。戴金银耳饰、手镯、指环。妇女的服装基本上用自织的土布缝制，一般为短袖紧身衣，有的外罩披风。多数妇女穿条纹或花格子纱笼，部分穿短裙。现在不少克耶族男女改穿缅式服装。

若开族，男子一般穿若开纱笼和偏襟上衣及商店出售的成衣。妇女通常穿偏襟上衣和波状条纹纱笼，佩戴饰物。

孟族，男子穿缅式上衣，下穿纱笼，挽发髻，包头巾，戴戒指。妇女平时穿家织土布上衣和纱笼，逢节会时穿丝绸衣服

缅甸民族服饰
图片提供：达志影像

和纱笼。挽发髻，发上插一梳子。首饰有金银耳环、项链、戒指、手镯、脚镯等。

（2）饮食文化

缅甸各民族的饮食，也是丰富多样，各有不同。

缅族，一般每天两餐，上午9时和下午5时进餐。以米饭为主食，喜欢在菜肴里放咖喱。饭菜简单。有时也在菜肴里放一两把汤匙，作为公用。家家户户都备有烟卷和槟榔盒子，客人来了，首先请吸烟和嚼槟榔。缅族人最喜欢的小吃是叫"蒙亨卡"的鱼汤米粉，普通人家常用它来招待客人。

克伦族，以米饭为主食，每餐少不了虾酱和辣椒。平时很少吃肉，只是在各种节会期间，或有远客到来时才吃。克伦族一般每日两餐，少数人每日三餐。吃饭时全家人围坐在矮桌旁共同进餐，有的不用桌子而把食物放在席子上进餐。克伦族也喜欢吃鱼汤米粉，好饮酒，每个家庭一般都存5～20罐米酒。除米酒外，还有糯米酒、棕榈酒和烧酒。信仰佛教的克伦族人不吃鸡肉、猪肉等，也不饮酒。

掸族，一日三餐，以糯米饭为主食。喜酸辣，并爱吃臭豆腐。爱饮酒，爱嚼槟榔，好饮茶，茶里要放一些盐。零食有红糯米做成的糕饼等。

钦族，一日三餐，早餐和晚餐在家吃，午餐一般在山上劳动时吃。主食为黍、玉米和旱谷。也有以番薯、甜薯、芋头、洋芋等为主食的。菜肴有红豆，有时也杀猪宰鸡。做菜很少用油，喜欢加蜂蜜。喜饮糯米酒，生病时以酒治病。

克钦族，以大米为主食，其次为玉米、大麦、小米、豆类。兽肉一般用火烤，撒上盐用手撕着吃。用手抓着吃饭。每次进食，都把食物用树叶或芭蕉叶包成若干包，按照人数分，不论宾主，不分老幼。

特别提示

★ **缅族**，部分缅族人在睡觉时，头必须朝南或朝东，忌讳朝北或朝西。他们把南面和东面称为头顶部，把北面和西面称为脚尾部。家中长者的座位在头顶部，晚辈座位在脚尾部。在旅途中，若遇见蛇，就要赶快返回，推迟这次旅行。星期五不能坐船渡江。

★ **克伦族**，认为不遵守禁忌会遭到传统神灵、家神、寨神、土地神的惩罚，家庭或村寨会遭殃。违禁者只有祈求神灵并向主人家和村寨做出赔偿，才能逢凶化吉。不过，母亲的娘家人违禁，可不必敬神赔偿。

★ **掸族，**商人家里不准吹箫和吹口哨，他们认为这会把财运吹跑。上楼必须脱鞋；未经主人允许，不论是家中人还是客人，都不准坐到男主人的固定位置上。待客的茶水、水果、食物，客人必须食用，主人才感到满意；如果客人一点都不食用，他们就认为客人粗野。

★ **钦族，**相信报应之说，认为讥笑某人长得丑，自己生的孩子也会十分难看；讥笑别人贫穷，自己也会贫穷；到处传扬邻居夫妻吵架之事，自家夫妻也会争吵；照顾孤儿寡妇和年迈之人，将来自有好报。替孩子起的名字不适合，孩子会生病，必须替孩子禳灾，并重新起名。

★ **克钦族，**男子不在楼梯下走；有女子在楼上的屋子里，就忌讳到楼下屋内，更忌穿女子的衣服，不用女子用过的物品。克钦族男子最忌讳别人乱摸他的头，也不可随便玩弄他的头巾，如果有人故意碰他的头或玩他的头巾，便会被认为对他莫大的侮辱。

★ **克耶族，**在耕种期间不吃大豆，不吃丧家的食物和敬神灵的食物，怕吃了收成不好。收割期间，割稻者不能理发，也不会客。孕妇不能吃鸡蛋，怕婴儿的胎盘只有鸡蛋大。孕妇不能见蛇和猴子，怕婴儿像蛇一样吐舌头，像猴子一样顽皮。不能吃香蕉苞，怕难产。不能吃芭蕉，怕生双胞胎。丈夫在妻子分娩前不能挖地，不能吃大豆和丧家的食物，怕生下的孩子多病；不能砍龙舌兰，怕孩子的嘴唇向外翻。

★ **若开族，** 一些若开族人认为听到猫头鹰叫，见蛇爬到楼上、白蚁窝隆起都是凶兆，灾难将临头，要请僧人念经消灾。出远门见蛇也是坏兆头，预示着很长时间回不了家。

★ **孟族，** 忌讳在星期六和星期二修房子，否则会发生火灾或招来其他灾祸。种山地时不能唱歌，割稻只能在上午割，下午不能割。星期一和星期三不能理发。星期日、星期二和星期六不能剪手脚指甲。头不能对着北方和西方睡觉。妻子怀孕时，丈夫不能替死人沐浴，不能打铁；嫂嫂怀孕时，弟弟不能结婚；一年内不能办两次喜事。

4　重要节日

缅甸节日较多，其中法定的政治性节日有独立节、联邦节、农民节、建军节、五一节、烈士节 6 个，每个节日放假一天；传统的节日有 20 多个，多与佛教有关，主要传统节日有泼水节

（放假 4 天）、浴佛节（浴榕节，放假 1 天）、结夏节（安居节，放假 1 天）、光明节（放假 1 天）、点灯节（放假 1 天）、拜塔节（放假 1 天）。此外，还有一些少数民族的节日如克钦族的目瑙节、克耶族的新年幡柱节等。

扩展阅读：缅甸的重要节日

独立节，1 月 4 日。1948 年 1 月 4 日凌晨，缅甸举行宣告独立的仪式，首都仰光班都拉广场上空降下了英国国旗，第一次升起了缅甸国旗，乐队奏起了缅甸国歌。缅甸人民终于摆脱了英国殖民主义统治，向全世界宣告缅甸独立。

联邦节，2 月 12 日。这是仅次于独立节的第二大节日。1947 年 2 月 8 日，昂山在彬龙镇召开山区少数民族代表会议。讨论山区和缅甸本部合并组成一个统一国家的问题。2 月 12 日上午，昂山和山区少数民族的 21 名代表签署了少数民族同意和缅甸本部组成统一国家的协议，这就是缅甸历史上著名的《彬龙协议》。为了纪念这个具有历史意义的日子，缅甸政府把 2 月 12 日定为"联邦节"。

农民节，3 月 2 日。这一天也是全国人民的公共假日。从 1965 年开始，年年在这一天举行庆祝活动。

建军节，3 月 27 日。1945 年 3 月 27 日，抗日民族统一战线组织——"反法西斯人民自由同盟"领导缅甸人民发动抗日武装总起义，配合盟军的反攻，取得了缅甸抗日战争的胜利。独立后，缅甸政府把这一天定为抗日节。1955 年，缅甸政府将抗日节改为缅甸国防军的建军节。

工人节，5 月 1 日，即国际劳动节。

烈士节，7 月 19 日。1947 年 7 月 19 日，昂山等 7 位自由同盟领袖遇害，有人认为凶手是受英国殖民主义者唆使的。独立后，缅甸政府为了纪念为独立而牺牲的昂山等烈士，把 7 月 19 日定为烈士节。

民族节，12 月 1 日。1920 年 12 月 1 日，仰光大学学生行动起来，首先在教育界反对英国殖民政府所制定的奴化教育条例，举行罢课运动。这次大学生运动促进了缅甸人民觉醒，激发了反英爱国的民族精神，缅甸独立后将这一天定为民族节。

缅甸特有的传统节日很多，一年 12 个月，月月都有节日。这些节日与缅甸民族的生产环境、生活方式和宗教信仰紧密相连，反映了民族的特点。缅甸是个著名的佛教国家，所以许多节日带有浓厚的佛教色彩。主要节日有以下几个。

泼水节，缅历 1 月 10～14 日（公历 4 月 13 日前后），这是缅甸最大的传统节日。逢此节日，人们张灯结彩，游行庆祝，相互泼水祝福。向来往的行人泼水，意在消灾纳福、涤旧迎新。泼水节后就是缅甸新年的第一天。

结夏节，又叫开门节，从缅历4月（公历7月）15日起，家家户户点灯礼佛，煮饭做菜，准备向僧人布施，请僧人念经。从此时起，90天内全社会娱乐、婚礼、乔迁、宴会等活动一律停止。僧侣们在结夏节期间也禁止外出，居住在寺内，参禅打坐，诵经拜佛。

解夏节，又名点灯节或关门节，时间是缅历7月（公历10月）15日。14～16日，僧俗同乐三天，家家户户燃灯点烛三日。善男信女们去佛塔前或寺庙祭坛上恭恭敬敬地点燃蜡烛。

浴佛节，也叫浴榕节，在缅历2月（公历5月）望日举行。这一天人们都要去佛塔礼拜，给菩提树浴佛。

光明节，缅历8月（公历11月）15日望日举行，由月圆日前一晚起至月圆后一晚止，户户点灯三天，家家都制糕饼，供佛待客，布施僧侣。

目瑙节，是克钦族最盛大、最隆重的传统集体盛会，在中国景颇族中被称为"目瑙纵歌"。每年都要举行一次，在特殊情况下，根据需要可以随时举行。

幡柱节，是克耶族的新年。克耶人家中不供神像，仅在村外设小神龛。在克耶族人心目中，地神和幡柱神是至高无上的神灵，幡柱神又是雨神。克耶族人经常祭祀幡柱神，目的是辞去旧岁迎来新年，祈求在新的一年中消灾免难、五谷丰登。

特别提示

★ 缅甸实行5天工作制，每周休息两天，加上上述节假日，缅甸人每年的节假日有110多天。

缅甸
MYANMAR

第二篇

政治环境

缅甸
MYANMAR ···

一　国家体制

1　国体、元首及国家标识

根据 1947 年 9 月 24 日缅甸制宪议会通过的《缅甸联邦宪法》，独立后的缅甸在 1948 ～ 1962 年采取多党议会民主的政治体制。议会是联邦的最高立法机构，联邦政府为国家最高行政机关，最高法院为国家最高司法机关。总统为名义上的国家元首。议会多数党领袖出任政府总理，实行对议会人民院负责的责任政府内阁制。缅甸联邦由缅甸本部 9 个专区、4 个边疆少数民族邦、1 个少数民族特别区组成。宪法还规定了专区或邦、特别区，镇，村（街区）三级地方行政体制。专区、邦、特别区一级均按"三权分立"原则设立议会、政府和法院，行使地方立法、行政和司法权力。

2　宪法概述

1948 年 1 月 4 日缅甸从英国独立至今，已经实施了三部宪法。 1948 ～ 1962 年实施了《缅甸联邦宪法》，1974 ～ 1988 年实施了《缅甸联邦社会主义共和国宪法》。1962 ～ 1973 年缅甸联邦革命委员会执政时期，中止了《缅甸联邦宪法》；1988 年 9 月军人政府执政后，中止了《缅甸联邦社会主义共和国宪法》。1993 年 1 月起，缅甸政府召开国民大会，讨论制定新宪法，历经 15 年，2008 年 2 月 19 日新宪法终于完成起草工作，5 月 15 日新宪法草案经全民公决通过，并于 2011 年 1 月 31 日正式生效。

新宪法共 457 条，缅文共 194 页，其内容与缅甸独立前 1947 年制定的第一部宪法和 1974 年"纲领党"时期颁布的第二部宪法有很大的不同。保障军人在缅甸政治生活中的主导地位，是新宪法的一个重要特点。新宪法的框架及内容反映出，军队在未来缅甸的政治中不仅继续发挥作用，而且仍将扮演主导性角色。

宪法规定，总统候选人的父母、配偶不能有外国公民身份。此项规定被认为是针对缅甸最大反对党领袖——全国民主联盟总书记昂山素季而设定的，因为其丈夫（已去世）是英国人。

宪法还规定，缅甸的总统、副总统不由国民代表大会选举产生，而是由三个选举团选举产生，其中一个选举团由两院中军方议员组成；三个选举团各提名一位副总统候选人，由选举团从三位副总统提名人中投票选举一人担任联邦总统，其他两人为副总统。

宪法规定总统是国家最高行政长官，有权任命联邦部长和副部长，但国防、安全与内政、边境事务的部长和副部长人选只能由国防军总司令决定。其他部的部长拟任人选，总统也应征求国防军总司令的意见，或根据其意见安排军职人员担任其他部门的部长。总统有权批准政府部长、副部长辞职，对未执行有关指令的部长可以免去其职务，但是对担任部长和副部长的军职人员的辞职与免职，应与国防军总司令达成一致意见。

　　宪法还规定，为了使宪法和法律规定的职责得到切实履行，设立一个在总统领导下的"国防与安全委员会"。总统的重大决定包括宣布特赦、特殊情况下立即与外国断交、在国家面临侵略时采取适当的军事行动、批准和任命国防军总司令、宣布国家进入紧急状态等都必须得到"国防与安全委员会"的同意、建议与提议。

　　依据宪法，"国防与安全委员会"由总统、两名副总统、下院发言人、上院发言人、国防军正副总司令、国防部部长、外交部部长、安全与内政部部长以及边境事务部部长共11人组成。同时，根据宪法规定，国防部、安全与内政部、边境事务部部长和国防军正、副总司令都由军人担任，加上军方提名一人担任总统或副总统，"国防与安全委员会"11名成员中至少有6人是军人。

特别提示

★ 该宪法引起了国际社会的密切关注，同时也遭到普遍的批评。宪法赋予军人特殊的待遇和地位，保证了军队在缅甸未来政治中继续发挥领导作用，特别是国家"紧急状态条款"，保障了军队可以随时接管国家政权。"国防与安全委员会"在国家政治体系中享有优越地位。

二　政治制度

1　政体概述

　　缅甸联邦议会是缅甸联邦两院制立法权力机构，由上院民族院和下院人民院组成。 2008 年通过的新宪法规定，两院议员任期一般为五年，每五年选举一次；两院共 664 个席位，其中民族院 224 席，人民院 440 席。两院必须提供 1/4 的席位归军人所有，因此任命产生的军人议席分别在人民院和民族院占 110 席和 56 席；其余人民院的 330 席和民族院的 168 席由各政党候选人通过竞选产生。每个省或邦在民族院有 12 席，由直接选举选出，14 个省和邦合计 168 席；全国 330 个镇区在人民院各有 1 席，由直接选举选出，共 330 席。2010 年 11 月 7 日，缅甸举行大选，联邦巩固与发展党成为第一大党和执政党。2012 年 4 月 1 日举行缅甸议会补选，由昂山素季领导的全国民主联盟获得了 15 个补选议席中的 1 席，成为缅甸联邦议会中的第二大政党和最大的反对党。

　　2015 年 11 月 8 日，缅甸举行五年一次的全国大选。11 月 20 日根据缅甸选委会公布的最终选举结果，缅甸全国民主联盟（民盟）总共获得 446 个席位，其中在联邦议会人民院获得 255 席，在民族院获得 135 席，在省邦议会共获 496 席，占据首位。执政党联邦巩固与发展党（巩发党）共获得 118 个席位，其中在人民院获 30 席，在民族院和省邦议会分获 12 席和

76 席，位居第二。民盟已经依法获得组建新政府权力。根据程序，新一届联邦议会将于 2016 年 1 月底举行首次会议，并于 2 月推选新总统和副总统，由新总统负责组建新政府，新政府将于本届政府 3 月底届满后正式宣誓就职。

2   政府

缅甸总统为国家领导及政府首脑，政府管理机构共设 30 个部：外交部、农业灌溉部、商务部、邮电通信部、合作社部、建设部、文化部、教育部、第一电力部、林业部、卫生部、内政部、饭店与旅游部、移民与人口部、第一工业部、第二工业部、劳工部、畜牧与水产部、宣传部、矿业部、国家计划与经济发展部、边境地区与少数民族发展事务部、宗教事务部、铁道部、科学技术部、社会福利与救济安置部、体育部、交通部、国防部、能源部。

3   主要政党

1988 年，缅甸军队接管国家政权，宣布废除一党制，实行多党民主制。1990 年 5 月 27 日，缅甸举行首次多党制大选，当时有 200 多个政党注册，后大批政党自行解散或被取缔。2010 年 11 月 7 日，缅甸举行全国多党制大选，共有 37 个获批准注册的政党参选。2011 年 9 月以来又有民盟、人民民主党等多个政党注册获批。

（1）联邦巩固与发展党（简称巩发党），前身为"联邦巩固与发展协会"，2010 年 6 月 2 日在联邦选举委员会以此名称注册为政党。2011 年 2 月 4 日，该党时任主席吴登盛在缅甸联邦议会全体会议上当选为缅甸总统。2012 年 10 月中旬，该党举行了首届党大会，副主席瑞曼敦促党员拥护民主，支持政府推行的民主改革。

（2）全国民主联盟（简称民盟），成立于 1988 年 9 月 29 日，系缅甸最大政党和最有影响的反对党。曾在 1990 年 5 月 27 日大选中获得 492 个议席中的 392 个席位，但是军政府拒绝交出权力，废除选举结果。2010 年 5 月 6 日，全国民主联盟被军政府强行解散。2011 年 12 月，全国民主联盟被允许重新登记注册并参加选举，且参加于 2012 年举行的缅甸议会补选，获得 44 个补选议席中的 43 个席位，成为缅甸联邦议会中的第二大政党和最大的反对党。目前由任职党主席兼总书记的昂山素季领导。

其他政党还包括民族团结党、掸族民主党、若开族发展党、全国民主力量党、缅甸共产党、新社会民主党、议会民主党等。

4　主要政治人物

吴登盛：总统，国家和平与发展委员会第一秘书。1959 年毕业于军事大学第 9 期，曾任西北军区超大型战略指控所上校指挥官，国防部陆军司令部作战与计划处上校处长，东部军区景栋边防战区准将司令。2001 年 11 月任国防部总军务部中将部长。2003 年 8 月 25 日出任国家和平与发展委员会第二秘书，兼任国家民主大选委员会主席。2004 年 10 月出任国家和平与发展委员会第一秘书。2007 年 12 月 24 日出任缅甸政府代总理。2008 年 7 月正式出任总理。2011 年 2 月 4 日在联邦议会选举中当选为缅甸联邦共和国首任总统，3 月 30 日正式宣誓就职。

赛茂康：副总统。1950 年出生，又名貌翁，掸族，毕业于曼德勒医科大学。毕业后先后在滚弄、荷榜、腊戌等地做助理医生，后开设"玉丽卡"私人诊所，长期担任掸邦中部地区文学与文化协会主席及消除肺结核协会腊戌分会负责人。在 2010 年 11 月 7 日全国多党民主制大选中当选为民族院议员。2011 年 2 月 14 日，在联邦议会选举中当选缅甸联邦共和国副总统。

年吞：副总统。1954 年 1 月 12 日出生，1974 年毕业于国防军事学院第 16 期。长期在军中任职。2004 年 3 月出任海军参谋长，2005 年 3 月晋升少将，2008 年 6 月出任海军司令，2009 年 6 月晋升中将，2012 年 3 月晋升上将，8 月 15 日在缅甸第一届联邦会议第四次会议第 6 日会议上，当选副总统并宣誓就职。

钦昂敏：民族院议长。1946 年 10 月出生，缅族，毕业于仰光大学，获艺术学学士学位。1970 年进入军队工作并担任军职。1998 年晋升为准将，主管群众关系及心理作战部。2002 年晋升为少将。2006 年任文化部部长。2010 年 4 月 26 日退役。11 月 7 日，在全国多党民主制大选中当选为民族院议员。2011 年 1 月 31 日在联邦议会民族院首次会议上当选为民族院议长，兼任联邦议长。2013 年 7 月，不再兼任联邦议长。

瑞曼：联邦议会议长兼人民院议长。1947 年 7 月出生，缅族，1969 年毕业于国防军事学院。1988 年晋升少校，1989 年进入国防军事学院进修。1991 年任勃固省第 66 师师长，1996 年晋升为准将，1997 年 11 月任西南军区司令，1999 年晋升少将，并成为国家和平与发展委员会成员。2001 年 11 月升任陆军总参谋长。2002 年 11 月升任三军总参谋长，并晋升中将，2003 年 8 月晋升上将，成为缅甸国家领导人第三号。2010 年 8 月退役，卸任三军总参谋长，仍为国家和平与发展委员会成员。11 月 7 日，在全国大选中当选为人民院议员，2011 年 1 月 31 日在联邦议会人民院首次会议上当选为人民院议长。2013 年 7 月起，兼任联邦议会议长。

昂山素季：人民院议员，全国民主联盟主席。1945 年 6 月出生，系缅甸独立运动领袖昂山将军之女。15 岁时随时任驻印度大使的母亲赴印度，先后在印度、英国求学，获牛津大学哲学、政治学和经济学学士学位，后又入伦敦大学东方和非洲学院攻读硕士。其间担任过联合国秘书处行政和预算咨询委员会助理秘书、不丹外交部和印度西姆拉发展研究院研究员，并在日本京都大学南亚研究中心从事过学术研究工作。1988 年回到缅甸，组建全国民主联盟。曾于 1989 年、2000 年和 2003 年三次被缅甸政府软禁，前后长达 15 年。2010 年 11 月获释，后在 2012 年 4 月议会补选中当选人民院议员。2013 年 3 月，在民盟全国代表大会上当选民盟主席。2015 年 11 月 13 日，昂山素季领导的全国民主联盟（民盟）在联邦议会中已经获得 348 个席位，超过联邦议会总议席（含军人非选举议席）的半数以上，依法获得单独组建新政府的权力。

4   政治局势

　　吴登盛当选总统后，致力于推动政治经济改革和全国和解，释放昂山素季等大批政治犯，组织议会改选以便于民主联盟参选，取消新闻审查制度，修改选举法，推动缅甸民主进程向前发展。政府聘请强烈主张经济改革的吴敏丹为首席经济顾问，提出了一系列经济改革措施：政府准备向外国投资者提供长达 8 年的免税优待；给予中央银行更多的独立运行权，开始发行债券缓解财政赤字；给予商业银行存款利率自主权。

特别提示

★ 当前，缅甸正在推行政治改革和经济改革，加强法制化建设和推进民主化进程。

★ 昂山素季和她带领的缅甸民盟成员 2015 年 6 月 10 日下午抵达北京，展开为期 5 天的对华访问。

★ 昂山素季访华是中缅党际交往中的一次重要事件。

★ 缅甸果敢冲突于 2015 年 2 月 9 日开始，造成重大人员伤亡。6 月 10 日，果敢同盟军发表声明，宣布自 6 月 12 日起单方面停火。

★ 中国在此次果敢冲突中被累及，3 月 13 日下午 4 点 40 分左右，3 发炮弹投入云南省临沧市耿马县孟定镇河外大水桑树，造成中方3死4伤。

★ 缅甸境内暴力事件时有发生。2010年4月，仰光泼
  水节时期的连环爆炸导致10人死亡，170多人受伤。

三　行政结构

1　行政区划

缅甸全国分为 7 个省、7 个邦和 2 个中央直辖市。7 个省分别为仰光、曼德勒、勃固、马圭、实皆、伊洛瓦底、德林达依；7 个邦分别为掸邦、克钦邦、克耶邦、孟邦、克伦邦、钦邦、若开邦；2 个直辖市为内比都和仰光。

2005 年 11 月，行政首都由仰光迁到内比都，南距仰光390 公里，北距古都曼德勒 320 公里，属缅甸中部地区。内比都坐落在勃固山脉与本弄山脉之间锡唐河谷的狭长地带，具有重要的战略地位。下辖彬马那县、达贡镇和雷威镇，人口约 92万人。主要居民为缅族，另有掸、克钦、克伦、克耶、德努、勃朗、勃欧等少数民族杂居于此。

仰光是缅甸第一大经济中心，是仰光省的省会，地处伊洛瓦底江三角洲东部，仰光河下游，距出海口 34 公里，地势低平，是缅甸最大城市，全国经济、文化、交通中心。仰光市下

缅甸国旗

缅甸国徽

辖 33 个镇区，面积 312 平方英里，人口 600 万人，其中华人华侨约 20 万人。

2 司法

1947 年 9 月 24 日由缅甸制宪议会通过的《缅甸联邦宪法》规定议会是缅甸联邦的最高立法机构，由联邦总统及民族院和人民院组成。民族院设 125 个议席，其中 62 席代表缅甸本部，63 席代表少数民族邦和特别区。人民院设 250 个议席，议员由普选产生。联邦议会每 4 年选举一次。联邦议会作为缅甸联邦的最高立法机构，可制定全国性的法律和地区法案。民族院是为维护民族团结设立的。人民院制定、通过的法律均须交由民族院讨论、修正，民族院拟定的法律亦须由人民院讨论、修正。法律由两院联席会议批准后再由总统签署方可生效。

特别提示

★ 缅甸法院和检察院共分四级，设最高法院和最高检察院，设省邦、县及镇区三级法院和检察院。联邦最高法院为国家最高司法机关，现任首席法官为吴吞吞乌。最高检察院为国家最高检察机关，现任联邦检察长为吞欣博士。

★ 缅甸政府主要在政府经营的报纸及《缅甸公报》上刊登法律法规。

四　外交关系

1　外交原则

　　缅甸奉行"积极、独立"的外交政策，不依附任何大国和大国集团，是"和平共处五项原则"的共同倡导者之一。1988年9月军政府上台后，以美国为首的西方国家对缅甸实施经济制裁和贸易禁运，终止对缅甸的经济技术援助。1997年加入东盟后，缅甸积极参与东盟一体化进程，与东盟及周边国家关系有较大发展。2003年"5·30"事件后，缅甸与西方国家关系进一步恶化，西方国家也进一步强化了对缅甸的制裁。2007年1月12日，联合国安理会就美国提出的缅甸问题决议草案进行表决，中、俄、南非投反对票，决议未获通过。西方国家还多次在联合国人权理事会会议上推动涉缅决议，要求成立涉缅问题国际联合调查机制。

　　2011年3月缅甸现政府执政后，对内加快政治改革进程，对外积极寻求与西方国家改善关系，西方国家开始加大并调整对缅甸政策的力度。2012年以来，西方国家相继宣布放松对缅甸的经济制裁，还给缅甸提供了各类经济技术援助。丹麦、挪威、法国、英国等欧盟国家都在2012年推出了针对缅甸的援助计划。日本也宣布免除缅甸60%的债务及过期贷款滞纳金等，并恢复对缅甸的长期优惠贷款，同时提供50亿日元支持缅甸少数民族及农村地区的社会发展。2012年11月9日，奥巴马访问缅甸期间，也宣布美国将为缅甸提供 1.5 亿美元的经济援助。

缅甸是东南亚国家联盟 10 个成员之一。2014 年，缅甸首次轮任东盟主席国，在地区事务上扮演更积极的角色，特别是推动在 2015 年底前建立东盟经济共同体。目前，缅甸已与 111 个国家建立了外交关系。

2 大国关系

（1）与美国的关系

二战后的美国与缅甸的关系大致经历了三个不同的发展阶段，分别是 1947 ～ 1988 年、1988 ～ 2009 年以及 2009 年至今。

整体而言，1947 ～ 1988 年，尽管美缅关系存在一定的波动，但整体上美国与缅甸保持了正常的外交关系，美国向缅甸提供了一定数量的经济与军事援助，缅甸也保持了在中美苏之间中立的立场。

1988 ～ 2009 年，在美国不断加码对缅甸制裁和缅甸对民主派的不断镇压中，美缅关系走向恶化。

2009 年以来，美国缅甸关系改善始于奥巴马就任美国总统并调整美国的外交政策。2009 年 1 月，奥巴马宣示就任美国总统。8 月，美国参议院外交关系委员会东亚和太平洋事务小组委员会主席韦布访问缅甸并与丹瑞大将、吴登盛总统举行了会谈，并例外地与正处于软禁之中的昂山素季见面而且还带回了被缅甸判刑 7 年的美国公民耶托。当年 9 月美国提出将重新审视对缅政策，力求在"经济制裁"与"务实接触"之间维持平衡。2009年11月，美国缅甸问题特使助理国务卿访问缅甸。此后，2010年，美国多名国务院高管、参议员先后访问缅甸。2011年4月，美国任命德里克·米切尔为缅甸特使和政策协调员。当年11月美国时任国务卿希拉里访问缅甸。2012年11月7日，奥巴马竞选连任后，11月19日访问了缅甸，成为第一位访问缅甸的美国总统。除了高层交往，美国还部分解除了对缅甸的制裁，部分恢复对缅甸的援助。至此，美国的缅甸攻势达到了高潮，美缅关系在不到3年的时间里从敌对转为基本正常化。

2013年，美缅关系继续改善，美缅关系逐步"正常化"。2月，美国助理国务卿何塞·费尔南德斯率领50多人组成的商贸代表团访问缅甸，探讨美国对缅甸的投资机会；同期美国财政部解除了对缅甸四家银行的制裁。5月，缅甸总统吴登盛访问美国，是自1966年以来缅甸总统时隔47年的首度访美。美国官方对此也给予积极回应，在对缅甸称呼问题上，使用了"Myanmar"而不是"Burma"。吴登盛访美后，缅甸对美国的出口有小幅上涨。2013年12月，因缅甸与朝鲜的军火交易，美国又将缅甸三家公司和军方的一名将军列为新增制裁对象。2013年12月31日，吴登盛总统兑现其承诺，宣布释放所有政治犯。

（2）与日本的关系

2011年3月，缅甸军政府还权于民选政府，缅甸的民主化进程实现了一个里程碑式的转变。随着美国宣布放松对缅甸的制裁，美缅关系开始逐渐升温，其他西方国家也纷纷与缅甸重修旧好，日本也不甘落后。自2011年底以来，日本迅速调整对缅甸的政策，从政治、经济、外交等各方面展开系列行动，开始了旨在收复"失地"、拓展利益、增强影响力，以及"摆脱对华经济依赖"和"遏制中国"并举的政策进程。

早在 2011 年 2 月，日本外务省已经着手准备恢复对缅援助，意图继续利用援助手段恢复与缅甸的亲密关系。2011 年 5 月美国助理国务卿访缅后，日本先于其他西方国家展开了一系列对缅的外交、经济行动。2011 年 6 月，日本政府派出时任外务政务官菊田真纪子出访缅甸，分别会见了缅甸外长吴年温和民盟领袖昂山素季；2011 年 12 月 26 日，日本外务大臣玄叶光一郎出访缅甸，协商双边投资协定并宣布将恢复对缅甸政府开发援助；2012 年 4 月，日本时任首相野田佳彦参加日本与湄公河流域国家首脑会议并会晤缅甸总统吴登盛，宣布日本政府将分批免除缅甸债务，继续承诺将恢复对缅甸的发展援助；2012 年 11 月，野田佳彦在参加东亚峰会时，宣布将恢复对缅甸的日元贷款；2013 年 1 月 2 日，日本副首相麻生太郎访问缅甸，在宣布免除缅甸所有债务的同时，承诺 3 月底前兑现对缅甸 500 亿日元的贷款；2013 年 5 月 24 日，日本首相安倍晋三访问缅甸，成为 36 年来首位访问缅甸的日本首相。根据日本贸易振兴会统计，截至 2012 年 10 月，日本商工会议所已经有 60 家成员企业进驻仰光。2012 年和 2013 年，日缅双边贸易额分别达 14.14 亿美元和 15 亿美元，与 2010 年相比都有了较大增长；截至 2011 年 12 月，日本对缅甸投资额累计约为 2.1 亿美元，到了 2012 年 7 月，该投资额累计增加到 2.23 亿美元，到 2013 年 2 月，达到 2.7 亿美元，在缅甸的外方投资者中排名从第 13 位上升到第 11 位。

（3）与欧盟的关系

近几年，欧盟对缅甸政府态度大幅转变，欧盟开始在改善与发展同缅甸关系的过程中表现出主动性。这主要基于两方面原因：一方面，缅甸的民主改革见效，改善了缅甸政府的形象；另一方面，缅甸有着丰富的自然资源，并且与中国和印度两个经济大国接壤，在地理上得天独厚，欧盟急需进入并扩大缅甸市场。双方主要推进三方面合作：第一，加强缅甸的民主与人权；第二，促进缅甸经济发展；第三，加强各领域的双边交流。

欧洲外交和政策安全代表、欧盟委员会副主席阿什顿在2013 年 1 月 17 日宣布，欧盟将在缅甸派驻"欧洲联盟驻缅代表团"，这将有助于欧盟和缅甸对话与合作。2013 年 2 月，缅甸外交部部长吴温纳貌伦在布鲁塞尔会见了阿什顿，并就欧盟与缅甸双方的经济合作等问题进行了讨论。2013 年 3 月 5 日，缅甸总统吴登盛对欧盟进行历史性访问。在这次历史性会晤一个半月之后，欧盟决定永久解除对缅甸除武器禁运以外的所有制裁，包括贸易制裁、经济制裁以及对缅甸官员的制裁等。2013 年 7 月，欧盟重新给予缅甸贸易优惠待遇。2012 ~ 2013年，欧盟为缅甸提供了总额为 2 亿欧元的经济援助。

从 2013 年 10 月 18 日开始，昂山素季访问欧洲多国。

（4）与印度的关系

2013 ~ 2014 年，缅甸和印度的交往主要表现在两个方面。

一是两国高层多次进行访问和会谈。2013 年 1 月 22 ~ 23日，印度国防部部长一行访问缅甸并拜会了吴登盛总统，与缅军总司令敏昂莱举行了会谈。2013 年 2 月，由印度下议院议长率领的印度议会代表团抵达仰光对缅甸进行了为期 4 天的访问。2013 年 3 月 4 日，印缅两国领导人共同出席了东南亚和南亚多国在缅甸内比都举行的"环孟加拉湾多领域经济技术合作倡议"（BIMSTEC）峰会。峰会上两国领导人就兴建区域内物流基础设施、开展能源合作等内容达成共识。2013 年 7 月 29 日，缅甸海军参谋长杜拉德瑞中将访问印度，与印度海军参谋长德文德拉·库马尔·乔希上将举行会谈，达成了建造近海巡逻舰的决定。2013 年 10 月，吴登盛在内比都会见了印度军队参谋长。

二是两国工程项目合作进一步扩大。据印缅友好合作计划，2013 年 1 月 17 ~ 18 日，首次印缅铁路合作工作会议在内比都举行。1 月 16 日，前来出席会议的印度铁路公司高官和印度驻缅甸大使前往缅甸铁道部拜会了缅甸铁道部联邦部长吴色亚昂等。印缅合作的革拉当江跨境运输综合开发项目一期工程于 2014 年 6 月完成。该项目包括实兑港建设及革拉当江疏浚工程等。二期及三期工程主要包括修筑边境公路。项目竣工后将贯通缅甸若开邦、钦邦与印度的边境陆路及水路运输线，促进印缅及地区贸易发展。印泰缅高速公路也将于 2016 年建成。

在 2013 年 BIMSTEC 峰会召开前夕，缅甸公布了一项计划，力争到 2015 年将缅印贸易额提高到 2012 年的 3 倍。

3　参加国际和地区会议

2014 年 1 月，缅甸在蒲甘举办东盟外长会议。3 月，吴登盛总统在内比都出席"环孟加拉湾多领域经济技术合作倡议"
（BIMSTEC）第 3 次领导人会议；国防军总司令敏昂莱在内比
都出席第 11 届东盟国家武装部队首脑非正式会议。4 月，国
防部长韦伦在美国夏威夷出席东盟—美国国防部部长对话会议；
央行行长觉觉貌在内比都出席东盟央行行长第 22 次会议；财政
部长温欣在内比都出席东盟财长第 18 次会议；外长温纳貌伦在
胡志明市出席湄公河委员会第 2 次峰会。5 月，联邦议会议长
兼人民院议长瑞曼在内比都主持东盟议会间大会（AIPA）；总
统登盛在内比都主持第 24 届东盟峰会；国防部部长韦伦在内
比都主持东盟国防部长会议。8 月，东亚合作系列外长会在缅
甸举行。10 月，总统登盛赴意大利出席第 10 次亚欧首脑会议。
联邦议会议长兼人民院议长瑞曼赴意大利参加第 8 次亚欧议会
伙伴会议。11 月，东亚合作系列领导人会议在内比都举行，吴
登盛总统随后作为东盟轮值主席国领导人赴澳大利亚出席二十
国集团领导人峰会。

4 参加亚投行的情况

　　缅甸积极加入亚投行，是首批 21 个意向创始成员国之一。
同时，缅甸对中国提出的"一带一路"战略给予极高的评价，
认为双方均能从中受益。

特别提示

★ 2012 年以来，西方国家逐步放松了对缅甸的制裁，
  尤其是美国逐步取消对缅甸的制裁。日本不甘其后，
  向缅甸抛去橄榄枝，有遏制中国的战略考量。

★ 缅甸与西方各国的频繁互访进一步释放了国家改革
  的信号。

★ 缅甸区位战略优势明显，但其国内基础设施建设落
  后，亟待完善，"一带一路"战略和未来亚投行的设
  立将给缅甸基础设施建设带来福音。

缅甸
MYANMAR

第三篇

经济状况

缅甸
MYANMAR ···

一 能源资源

1 主要能源及分布

缅甸是中南半岛自然资源最为丰富的国家。矿产、石油、天然气以及宝石等储量丰富。缅甸自然资源丰富的主要因素在于其疆域较为辽阔、地貌和气候具有多样性等。

（1）矿产

矿产资源主要有锡、钨、锌、铝、锑、锰、金、银等，宝石和玉石在世界上享有盛誉。天然气储量为2.5万亿立方米，位居世界第十。石油储量为20.2亿桶，铜储量为9.6亿吨，铁储量为2.2亿吨。铅、锌、银、金储量分别为30万吨、50万吨、750万吨和100吨。

（2）植物

缅甸是中南半岛生物多样性最为丰富的国家。缅甸的植物种类繁多，有显花植物约600种，兰科类植物800种，攀缘植物900种，棕榈和竹类植物100多种，草400种，形形色色的树木3700多种。

2010年森林覆盖率为41%，主要分布在北部、西部、南部。中部勃固山脉是柚木的主要产区。缅甸林木有2300种，其中乔木有1200余种，世界60%的柚木储量和国际市场上75%的柚木均产自缅甸。缅甸可供采伐的柚木面积约610万公顷，还盛产檀木、灌木、鸡翅、铁力、酸枝木、花梨木等各种硬木和名贵硬木，硬木潜在年产量约为 130 万吨。缅甸每年主要向印度、泰国、马来西亚和日本出口柚木，印度约占 50%；欧洲的意大利、瑞士、法国、瑞典和德国也是主要买主。2014年 4 月开始，缅甸政府禁止原木出口。

此外，缅甸还有丰富的竹类和藤木资源。竹类有 97 种，竹林面积 9630 平方公里，主要分布在若开、缅中地区。藤木有 32 种，年产量约 7600 万根，主要分布在克钦邦、掸邦，有水藤、红藤，只有小部分出口。

（3）动物

缅甸地形和气候复杂多样，因此，动物资源也非常丰富，种类繁多。根据缅甸林业部 1991 年公布的资料，缅甸有 300多种哺乳动物，1000 多种鸟类，370 种两栖动物。

缅甸海岸线漫长，内陆湖泊众多，渔业资源丰富。缅甸海岸线长 2832 公里，专属经济区 48.6 万平方公里，适宜捕捞海域 22.5 万平方公里，平均年捕捞量 105 万吨。缅甸沿海鱼虾500 多种，820 万公顷的内陆江湖内也有大量淡水鱼虾。

特别提示

★ 缅甸利用水力发电的潜力很大。据西方国家和国际组织勘测，缅甸蕴藏水力的装机容量为 1800 万千瓦。

★ 虽然缅甸海岸线长，资源丰富，但因受资金、技术及捕捞、加工、养殖水平等限制，发展不足，因此对外合作开发潜力大。

二　基础设施

1　重要交通设施

（1）公路

缅甸公路以纵贯南北的毛淡棉—仰光—曼德勒—南坎公路为主干道，辅以其他线路，形成公路网络。缅甸的其他 4 条重要公路干线为缅东、缅西、缅北、缅南公路。

截至 2013 年 11 月，缅甸全国公路里程为 21361 英里，在建 1815 英里。缅甸与中国、老挝、泰国、印度、孟加拉国接壤。连接中国和缅甸的公路主要有滕密公路。腾密公路缅甸段起点为云南腾冲与缅甸接壤的中缅南四号界桩，终点是缅甸北部重镇密支那，公路全部由中国援建。印度政府也将提供 5 亿美元经济援助，部分援款将用于修建连接印度、缅甸和泰国的三边公路。

（2）铁路

缅甸的第一条铁路（仰光—卑谬）建成于 1877 年，迄今已有近 140 年的历史。但缅甸铁路建设迟缓，铁路系统不是很发达。目前有火车站 899 个，铁路总长 4000 英里，有 926 个站点和 436 列火车。在建 1778 英里，拥有蒸汽机车 43 台、柴油机车 270 台、客车厢 831 节、火车厢 3906 节。

（3）水路

缅甸河流众多，可通航的内河航线里程长，在国内交通运输中起着重要作用。伊洛瓦底江是纵贯缅甸南北的水上大动脉。主要港口有仰光港、勃生港和毛淡棉港，其中仰光港是缅甸最大的海港。缅甸交通部数据显示，截至 2013 年 11 月，内河航道约 9219 英里，各种船只 537 艘，目前仅有缅甸五星轮船公司经营远洋运输业务。

（4）航空

主要航空公司有缅甸航空公司、缅甸国际航空公司、曼德勒航空公司、仰光航空公司、甘波扎航空公司、蒲甘航空公司、亚洲之翼航空公司、金色缅甸航空公司等。全国有大小机场 73 个，主要机场有仰光机场、曼德勒机场、内比都机场、黑河机场、蒲甘机场、丹兑机场等。仰光、内比都和曼德勒机场为国际机场。截至 2013 年底，缅甸已与 20 多个国家和地区建立了直达航线，主要国际航线可达曼谷、清迈、北京、昆明、广州、南宁、香港、台北、新加坡、吉隆坡、达卡、暹粒、金边、河内、胡志明、柏斯、伽雅、加尔各答、达卡、首尔、多哈、法兰克福等城市。

（5）电力设施

截至 2014 年 3 月，缅甸建成电站总装机容量 349.49 万千瓦，其中水电装机容量 266 万千瓦，燃气和火电装机容量 83.49 万千瓦。在建项目 58 个，总装机容量 4575.25 万千瓦；计划新建 2 个电站，总装机容量 30.5 万千瓦，年发电量 15.9 亿千瓦时。中国在缅甸已投资和拟投资的水电项目超过 20 个，总装机容量达 4147.6 万千瓦。随着缅甸经济的发展，缅甸用电需求逐年增长。目前，工业用电仍有缺口，但随着越来越多的电站项目建成投产以及输电线路的完善，工业、居民用电将有保障。

2　重要通信设施

据缅甸邮电通讯部公布的数字，截至 2013 年底，缅甸全国共有邮局 1379 个、电报局 515 个和电话交换台 922 个。电话交换台中 392 个为自动交换台，296 个为人工接线台；在移动通信方面，缅甸共有移动电话 143.525 万部；在国际通信方面，缅甸不仅开通了国际卫星电话，而且可以通过亚欧海底光缆 2 万条线路与 33 个国家和地区直接连通，并能通过这些国家与世界其他国家和地区进行通话。

特别提示

★ 交通以水运为主，铁路多为窄轨。

★ 目前，中国前往缅甸的主要航线有：中国国际航空公司的北京—仰光、昆明—仰光航线，东方航空公司的昆明—仰光、昆明—曼德勒、南宁—仰光、昆明—内比都航线，南方航空公司的广州—仰光航线。

★ 国内航线共 17 条，大城市和主要旅游景点均已通航。

三　国民经济

1　宏观经济

（1）概述

据缅甸国家计划与经济发展部统计，2005 ～ 2010 年缅甸经济保持较高增长速度。根据国际货币基金组织数据，2012 ～ 2013 财年缅甸国内生产总值为 531.4 亿美元，增长率为 6.7%；2013 ～ 2014 财年缅甸国内生产总值为 564.08 亿美元，增长率为 7.5%。

据缅甸国家计划与经济发展部统计数据，2013 ～ 2014 财年 GDP 中，农业占 31.8%、工业占 28.8%、服务业占 39.4%。2013 ～ 2014 财年，缅甸国内企业投资 11.31 亿美元，外国企业在缅甸投资 41.07 亿美元，投资总计 52.38 亿美元，占 GDP 的 9.29%；根据国际货币基金组织统计，消费占 GDP 的 27.2%；2013 ～ 2014 财年出口占 GDP 的 44.25%。

表 1　2008 ～ 2014 年缅甸宏观经济数据

财政年度	GDP（百万美元）	GDP 增长率（%）	人均 GDP（美元）
2008 ～ 2009	17154	10.2	500
2009 ～ 2010	N/A	10.4	N/A
2010 ～ 2011	49628	5.3	811
2011 ～ 2012	56170	5.9	900

续表

财政年度	GDP（百万美元）	GDP 增长率（%）	人均 GDP（美元）
2012 ~ 2013（EST.）	53140	6.7	997
2013 ~ 2014（EST.）	56408	7.5	868

注：①按照当年美元兑缅币汇率中间价折算，2013 ~ 2014 财年缅甸货币官方参考汇率 1 美元兑换 966.73 缅币。

② EST. 为估计值。

资料来源：缅甸国家计划与经济发展部统计数据。

（2）国际收支

近年来，缅甸政府持续出现财政赤字，根据国际货币基金组织报告，2011 ~ 2012 财年，财政收入占 GDP 的 13%，支出占 GDP 的 19%；2012 ~ 2013 财年，财政收入占 GDP 的 19.3%，支出占 GDP 的 24.6%；2013 ~ 2014 财年，财政收入占 GDP 的 22.3%，支出占 GDP 的 27.2%。

（3）外债

2009 ~ 2010 财年，缅甸外债余额为 99.7 亿美元；2010 ~ 2011 财年，缅甸外债余额约为 112.4 亿美元。2013 年 1 月巴黎俱乐部宣布免除缅甸部分外债后，截至 2013 年 12 月 31 日，缅甸外债余额为 95.9 亿美元（根据 IMF 2013 年 3 月 31 日汇率计算）。主要债权国及国际金融机构为 16 个国家及国际开发协会、亚洲开发银行和石油输出国组织等。

特别提示

★ 根据国际货币基金组织公布的数据，2011 ~ 2012
  财年，通货膨胀率为 5.0%；2012 ~ 2013 财年，通
  货膨胀率为 6.1%；2013 ~ 2014 财年，通货膨胀率
  为 6.5%。

★ 目前，穆迪、标普、惠誉等金融机构未对缅甸进行
  主权债务评级。

2 贸易收支

（1）贸易发展

2013 ~ 2014 财年，缅甸进出口额大幅增长，达到
249.63 亿美元，较 2012 ~ 2013 财年增长 36.84%，其中出
口 112.04 亿美元，进口 137.59 亿美元。根据缅甸商务部数
据，2014 ~ 2015 财年前 9 个月缅甸对外贸易额 204.83 亿美
元，其中出口 83.05 亿美元，进口 121.78 亿美元。边境贸易额
48.61 亿美元，其中出口 31.29 亿美元，进口 17.32 亿美元。中
国为缅甸第一大贸易伙伴。缅甸主要出口商品有天然气、大米、
玉米、各种豆类、水产品、橡胶、皮革、矿产品、木材、珍珠、
宝石等，主要进口商品有燃油、工业原料、化工产品、机械设
备、零配件、五金产品和消费品等。

（2）贸易伙伴

亚洲国家和地区为缅甸主要贸易伙伴，缅甸外贸总额的90%都来自与邻国的贸易。根据缅甸中央统计局最新数据，2013～2014财年，缅中贸易额达到70.16亿美元，其中缅甸从中国进口41.05亿美元，出口29.11亿美元，中国已成为缅甸第一大贸易伙伴。位居前5位的贸易伙伴依次为中国（70.16亿美元）、泰国（56.83亿美元）、新加坡（36.04亿美元）、日本（18.09亿美元）和韩国（15.7亿美元）。

（3）辐射市场

缅甸辐射市场主要为东盟国家，近年来，缅甸与中国、泰国、新加坡、马来西亚、印度尼西亚、越南等国经贸合作稳步发展，与韩国、日本在投资贸易领域的合作逐步升级。2012年下半年至今，欧洲国家如英国、德国等也陆续进入缅甸市场寻求合作机会。

缅甸已通过了美国的普惠制（GSP）审查，将重新获得美国的普惠制待遇。为了使商品能进入美国市场，缅甸商务部已经在做相关准备。一旦获得该优惠政策，缅甸将有5000多种产品可以免税进入美国市场。

缅甸还是欧盟提供关税优惠的受惠国。根据2012年11月欧盟委员会公布的新的普惠制方案，新增缅甸为普惠制第一类国家。自2014年1月1日至2023年12月31日，对缅甸等49个最不发达国家的进口产品实行免关税政策。欧盟给予缅甸的关税普惠制待遇2013年7月19日起开始生效。除武器外，缅甸其他商品可向欧盟国家出口，并享受普惠制待遇。

（4）贸易主管部门

缅甸贸易主管部门为缅甸商务部，负责办理进出口营业执照、签发进出口许可证，管理国内外展览会、办理边境贸易许可、研究缅甸对外经济贸易问题、制定和颁布各种法令法规等。下设贸易司和边贸司，边贸司在各边境口岸设有边境贸易办公室负责办理边境贸易各种事务。缅甸私营企业从事对外贸易须向进出口贸易注册办公室领取营业执照，申领进出口许可证，在国家政策许可范围内自由从事对外贸易活动。

（5）贸易法规体系

现行与贸易管理相关的法律和规定有《缅甸联邦进出口贸易（临时）管理法》（1947）、《缅甸联邦贸易部关于进出口商必须遵守和了解的有关规定》（1989）、《缅甸联邦关于边境贸易的规定》（1991）、《缅甸联邦进出口贸易实施细则》（1992）、《缅甸联邦进出口贸易修正法》（1992）等。

（6）贸易管理的相关规定

1989年以来，缅甸政府实行市场经济，允许私人从事对外贸易，对外贸易实行许可证管理制度。1989年3月31日，政府颁布《国营企业法》，宣布实行市场经济，并逐步对外开放，政府放宽了对外贸的限制，允许外商投资，农民可自由经营农产品，私人可进行进出口贸易，并开放了同邻国的边境贸易。

2006年以来，在中缅边境地区出口的木材及进行的矿产品贸易，须获得缅甸商务部、林业部木材公司出具的证明及中国驻缅使馆经商参处的证明。

缅甸已于2014年4月1日起停止原木出口，木材必须经加工后方可出口。2012 ~ 2016 年，缅甸将逐年递减 15% 的柚木和 20% 的硬木采伐量，并分别减少 75% 和 22% 勃固山脉的柚木和硬木采伐量。

（7）海关管理的相关规定

《缅甸海关进出口程序》（1991）对禁止进出口的物品做了详细规定，《缅甸海关计征制度及通关程序》对进出口关税、通关程序做了详细规定。

与海关管理相关的法规还有：《海洋关税法》（1978）、《陆地海关法》（1924）、《关税法》（1953）、《商业税法》（1990）、《进出口管制暂行条例》（1947）、《外汇管制法》（1974）。

目前，中国海关与缅甸海关正在商谈输华产品零关税事宜。若此项协议达成，缅甸 95% 的输华产品将会享受零关税待遇。

3　投资状况

（1）投资主管部门

缅甸投资委（Myanmar Investment Committee）是主管投资的部门。

其主要职能如下：根据《缅甸联邦外国投资法》《缅甸联邦公民投资法》的规定，对申报项目的资信情况、项目核算、工业技术等进行审批、核准并颁发项目许可证，在项目实施过程中提供必要帮助、监督和指导，同时也受理许可证协定时限的延长、缩短或变更的申请等。

缅甸投资委员会由相关经济部门领导组成，2014 年 5 月，投资委员会进行第二次改组，由能源部部长吴泽亚昂任投资委主席，饭店与旅游部部长吴特昂任副主席，投资与公司局局长吴昂乃乌和国家计划与经济发展部部长甘佐任秘书长，环保林业部部长、计划与经济发展部副部长等人为投资委员会成员。国家计划与经济发展部下属的投资和公司管理局主管公司设立及变更登记、投资建议分析及报批、投资项目的监督等日常事务。

为提高外商投资注册效率，缅甸于 2013 年 4 月 10 日在仰光开设国内外投资注册等业务的一站式窗口，地址位于仰光岩更镇区帝莎路 1 号。窗口单位有计划与经济发展部、商务部、税收部、缅甸央行、海关、移民局、劳工部、工业部、投资和公司管理局、投资委等，为获准的国内外企业提供注册、延期及其他服务。

（2）外国投资状况

据缅甸统计，截至 2014 年 3 月底，共有 33 个国家和地区在缅甸 12 个领域投资 685 个项目，总投资额 462.26 亿美元。其中，电力投资 192.84 亿美元，石油和天然气投资 143.72 亿美元，制造业投资 39.99 亿美元，矿业投资 28.62 亿美元，酒店与旅游业投资 17.99 亿美元，农业投资 2.03 亿美元。境外对缅甸投资前五位的分别为：中国（含中国香港、中国澳门）（209.27 亿美元）、泰国（100.58 亿美元）、新加坡（44.07 亿美元）、韩国（29.79 亿美元）、英国（31.49 亿美元）。主要投资领域为电力、石油和天然气、矿产业、制造业和饭店旅游业。2013 ～ 2014 财年，缅甸吸收外资流量为 41.07 亿美元；截至 2014 年 3 月底，缅甸吸收外资存量为 462.26 亿美元。

据联合国贸发会议发布的《2014 世界投资报告》显示，2013 年，缅甸吸收外资流量为 26.2 亿美元。

（3）投资环境

从投资环境吸引力的角度，缅甸的竞争优势有几方面。

第一，丰富的自然资源、人力资源和文化遗产。第二，市场潜力大，是连接东南亚和南亚两大市场的重要通道。第三，国内政局相对稳定。第四，政府欢迎外国企业到缅甸投资，并大力支持以资源为基础的外国投资项目、出口项目，以及以出口为导向的劳动密集型项目，允许投资的范围广泛，包括农业、畜牧水产业、林业、矿业、能源业、制造业、建筑业、交通运输业和贸易等。

世界经济论坛《2013 ~ 2014 年全球竞争力报告》显示，缅甸在全球最具竞争力的 148 个国家和地区中，排第 139 位。

（4）投资规划

缅甸政府把从 2011 ~ 2012 财年开始的未来 5 个财政年度年均经济增长率设定为 7.7%，5 年计划目标是要实现农业产值在国内生产总值中的比重从基础年的 36.4% 降到 29.2%；工业产值从 26% 提升到 32.1%；服务业产值从 37.6% 提升到 38.7%。到 5 年计划的最后一年，人均国内生产总值比基础年增长 1.7 倍。根据改革需要和国家目前情况，缅甸政府确定了 4 项经济发展原则，其中包括在促进农业发展的同时发展工业、平衡省邦经济、提高人民生活水平等。

2014 ~ 2015 财年（执行时间为 2014 年 4 月 1 日至 2015 年 3 月 31 日）经济规划主要内容有以下几个方面。计划本财年 GDP 增幅为 9.1 %；农业占 GDP 的比重为 28.6%、工业占比为 35%、服务业占比为 36.4%；国家投资占 29.4%、私人投资占 70.6%；出口额为 12.4 万亿缅币，进口额为 12.7 万亿缅币；人均 GDP 为 106.52 万缅币（约 1107 美元）。GDP 为 54.42 万亿缅甸（约 565 亿美元）。

（5）投资法律法规

为进一步吸引外资，缅甸于 2012 年 11 月颁布新《外国投资法》，2013 年 1 月颁布缅甸外国投资实施条例。

新《外国投资法》的宗旨在于以下几个方面：开发资源，保障内需，扩大出口；增加就业机会；开发人力资源；促进金融业发展；建设高级公路、跨国公路、国家电力和能源及信息技术等基础设施；发展航空业；增强国际竞争力；打造具有国际水准的企业。

（6）投资行业规定

缅甸新《外国投资法》审批外商投资项目是有原则的，以下项目是重点倾斜的。

① 能够弥补国家发展规划不足及因国家及国民财力、技术不足而无力实施的项目。

② 能够增加就业机会的项目。

③ 能够扩大出口的项目。

④ 能够替代进口物资的制造业的项目。

⑤ 需要大量投资的制造业。

⑥ 获取高技术及技术型产业。

⑦ 投资额较高的制造业及服务业。

⑧　低能耗项目。

⑨　能促进地方经济发展的项目。

⑩　新能源及生物能源项目。

⑪　现代工业。

⑫　能够保护环境的项目。

⑬　发展信息技术产业的项目。

⑭　不影响国家主权及人民安全。

⑮　提高国民技能。

⑯　银行及金融业。

⑰　现代服务业项目。

⑱　保障能源及资源安全的项目。

有一些项目在缅甸属于限制或禁止的，主要如下。

①　有伤民族传统及习俗的项目。

②　影响民众健康的项目。

③　破坏自然环境及生态链的项目。

④　输入有害有毒废弃物的项目。

⑤　国际公约限制的生产或使用有害化学品的项目。

⑥　投资法细则规定的仅国民才能从事的制造业及服务业。

⑦　输入国外不成熟或未经授权使用的技术、药品及用具的项目。

⑧　细则规定的仅国民才能从事的农业及种植业项目。

⑨　细则规定的仅国民才能从事的畜牧业项目。

⑩　细则规定的仅国民才能从事的海洋捕鱼项目。

⑪　除联邦政府批准的经济区外，国界线缅方一侧 10 英里

内的外国投资项目。

此外，缅甸政府不允许外国企业从事玉石、宝石等相关矿业的开采项目。投资项目须获得联邦政府同意，并经投资管理委员会批准。

（7）投资方式规定

根据新《外国投资法》规定，外国企业在缅甸投资的方式有独资、与缅甸国民或相关政府部门及组织进行合作、根据双方签订的合同进行合作。1988 年《外商投资法》规定在所有的合资公司里，外商至少要占本公司 35% 以上的股份，新投资法未予以规定。酒店以及房地产项目可以采取 BOT（建造、运营和转让）方式，而自然资源的开发和开采则可以采用 PSC（产品分成合同）方式。

新《外国投资法》规定：外国公司向外国人或国民全部转让出售股份，须事先征得委员会许可并交回原有许可并按规定进行股权转让注册。外国公司向外国人或国民出让部分股份，须重新获得委员会许可并对股份转让进行登记。

因缅甸金融市场并不完善，尚无正规的证券交易市场，外商无法通过并购上市的方式进行投资。

扩展阅读：缅甸对投资的优惠政策

《外国投资法》提供了很多激励和担保措施。如，由《外国投资法》批准的企业将享受 5 年免税期，包括企业开始进行商业运营的当年。如果企业申请，而且投资委认为项目符合国家利益，也可延长免税期。此外，投资委也可能批准以下一项或几项减免措施。

① 制造业及服务业从开始经济运行第 1 年起连续 5 年免征所得税，并视项目情况延长减免期限。

② 项目利润作为专项资金在 1 年内用于追加该项目投资的，减免所得税。

③ 项目设备、建筑物及其他资本的折旧，按规定折旧率计算后从利润中扣除。

④ 对出口产品减免 50% 所得税。

⑤ 外国人缴纳所得税税率享受国民待遇。

⑥ 在境内从事项目有关的研发费用，从利润中扣除。

⑦ 项目享受 5 年减免所得税优惠后，如果连续 2 年出现亏损，则从亏损年起连续后 3 年减免所得税。

⑧ 项目建设期间必要的进口设备、配件及其他物资减免关税、国内税或两项并减。

⑨ 项目竣工后头 3 年进口的生产用原材料减免关税或国内税或两项并减。

⑩ 经投资委员会同意，对投资期限内扩大投资规模所必需的进口设备、零配件及其他物资减免关税或国内税或两项并减。

⑪ 对出口产品减免贸易税。

联邦政府保证在项目合同期限内（包括延期期限），不会对依法成立的企业实施国有化。如果没有充足的理由，保证不会在许可期限内搁置项目。保证外国投资人在合同期满后，可以用投资时的币种提取收益。

特别提示

....

★ 外国人在缅甸开办企业，需要遵守缅甸当地的习俗，
  尤其是民族、宗教文化。

★ 外国人到缅甸工作，不需要办理工作许可。同时，
  缅甸未制定外国人在缅工作许可制度。

★ 腐败在缅甸比较常见。由于缅甸监管和法治环境复
  杂多变、政府雇员薪酬低，寻租活动司空见惯。贸
  易规模无论大小，几乎都存在贿赂问题。

★ 缅甸民间非政府组织能力巨大，在西方势力的支持
  下，以环保、民生和保护文化等名义对中国投资当
  地的项目进行抗议活动，阻扰项目的进展。

★ 日本企业与我国在缅甸投资的竞争加剧。

....

3 货币管理

缅甸法定货币 Kyat（缅币），面额主要有 10000 缅币、
5000 缅币、1000 缅币、500 缅币、200 缅币、100 缅币、50
缅币、20 缅币和 10 缅币，可自由兑换。2012 年 4 月 1 日起
实行有管理的浮动汇率制，2015 年 11 月 18 日人民币与缅币
的汇率为：1 人民币 =173.4431 缅币。

特别提示

★ 缅甸央行于 2012 年 4 月起采用基于市场情况并加以调控的浮动汇率制。

★ 缅币和人民币尚不能直接结算。

4　税收体系

缅甸的财政税收由 5 个部所属的 6 个局管理，分别是财政部下属的海关和税务局，内政部下属的管理总局，铁道部下属的公路局，林业部下属的林业局，畜牧水产部下属的渔业局。

缅甸财政税收体系包括对国内产品和公共消费征税、对收入和所有权征税、关税、对国有财产使用权征税 4 个主要项目下的 15 种税费。其中 89% 以上的政府各项税收由缅甸国家税务局管理。

缅甸政府与外资直接相关的税收法律共有 6 部，即《联邦税收法》（2014）、《缅甸联邦外国投资法》（2012）、《所得税法》（1974）、《商业税法》（1990）、《关税法》（1992）、《仰光市政发展法》（1990）。

缅甸主要赋税和税率的基本情况如下。

（1）所得税

根据 2014 年颁布的《联邦税收法》，个人、企业、公司及其他团体产生的源于缅甸的所得都要缴税，非缅甸居民只对在缅甸的所得缴税。所得税主要包括企业所得税、个人所得税和资产所得税。

表2　缅甸所得税税率

项　目	纳税人	税　率
1	公司	25%
2	外资企业	30%
3	非本地人来自国外的收入	10%
4	工资	0～25%（收入超过 3000 万缅币按25% 征收）
5	国营机构	25%

资料来源：缅甸财税部国税局，2008 年 9 月。

（2）利润税

1976 年《利润税法》颁布，税基是私人公司和自营者的收入、利润、资本所得，《所得税法》没有征收项目的适用于该法，当选择两种税赋之一时，公民必须向当地财税部门提供相关证明。税率为 3%～50% 不等。

（3）商业税

1990 年制定了《商业税法》，代替了原来的货物和服务税法，适用于所有部门，是在产品生产和销售过程中征收的税赋，既适用于国内产品也适用于进口产品。

（4）印花税

1935 年颁布了《印花税条例》，印花税包括确定（根据法院收费条例）和非确定（根据缅甸印花税条例）的印花税。

特别提示

★ 2013 ~ 2014 财年，缅甸 CPI 为 5.5%。2014 年 3 月，超市出售的大米平均价格 1000 缅币 / 公斤（约合人民币 8 元 / 公斤），猪肉 5000 缅币 / 公斤（约合人民币 40 元 / 公斤），食用豆油价格约 1800 缅币 / 升（约合人民币 13 元 / 升），鸡蛋价格一般为 100 缅币 / 个（约合人民币 0.8 元 / 个）。

四　产业发展

1　工业

2013 ~ 2014 财年，缅甸工业产值约占国内生产总值的31.8%。主要工业有石油和天然气开采、小型机械制造、纺织、印染、碾米、木材加工、制糖、造纸、化肥和制药等。

2　农业

农业是国民经济的基础。农业产值占国内生产总值的40%左右。主要农作物有水稻、小麦、玉米、花生、芝麻、棉花、豆类、甘蔗、油棕、烟草和黄麻等。2013 ~ 2014 财年缅甸出口大米 119.2 万吨，创收 4.6 亿美元。畜牧渔业以私人经营为主。缅甸政府允许外国公司在划定的海域内捕鱼，向外国渔船征收费用。1990 年开始同一些外国公司合资开办鱼虾生产和出口加工企业，产品出口多个国家和地区。

3　特色产业

（1）采矿业

缅甸矿产资源丰富，现已探明的主要矿藏有铜、铅、锌、银、金、铁、镍、红蓝宝石、玉石等。2012 ~ 2013 财年，缅甸开采煤炭 47.1 万吨，玉石 1.9 万吨，红宝石 85.2 万克拉，蓝宝石 135.1 万克拉，尖晶石 51.4 万克拉，橄榄石 28.6 万克拉。2013 ~ 2014 财年，缅甸开采煤炭 38 万吨，玉石 1.5 万吨，红宝石 44.3 万克拉，蓝宝石 114.2 万克拉，尖晶石 44.6 万克拉，橄榄石 38.4 万克拉。

（2）旅游业

缅甸风景优美，名胜古迹非常多。主要景点有世界闻名的仰光黄金塔、文化古都曼德勒、万塔之城蒲甘、茵莱湖水上村庄以及额布里海滩等。政府大力发展旅游业，积极吸引外资，建设旅游设施。较著名的饭店有：仰光的喜多娜酒店、茵雅湖酒店、香格里拉－苏雷酒店、皇家公园酒店，内比都的妙多温酒店、丁格哈酒店、阿玛拉酒店，曼德勒的喜多娜饭店、曼德勒山酒店，蒲甘的丹岱饭店、蒲甘饭店等。根据缅甸酒店和旅游部数据，2013 ~ 2014 财年赴缅游客近 225 万人次，比 2012 ~ 2013 财年的 130 万人次增长 73.08%，其中游客来源国排名前 5 位的分别为泰国、中国、日本、韩国和马来西亚。2014 年前 4 个月，赴缅甸外国游客 109.31 万人次，其中泰国游客最多。

五 金融体系

1 银行体系

缅甸已建立以中央银行为中心，以国营专业银行为主体，多种金融组织并存的金融体系。

缅甸中央银行。缅甸中央银行即国家银行，主要职责是在国内外稳定缅币价值，制定并实施货币政策。缅甸中央银行是国内流通货币的唯一发行者，行使缅甸政府的银行职能，作为政府有关经济事务顾问，监督、检查、指导国营和私营金融组织机构的业务工作，管理外汇储备金，以政府的名义参与国际金融事务，代表政府同国际机构进行业务往来。经中央银行批准，可成立国营、国家与私人合营及私营金融组织机构，开展金融活动。

缅甸经济银行。主要职责是接受活期和短期存款，办理储蓄银行存款和发行储蓄单，发放各种贷款，发放退休金，销售汇票及承兑票据。银行分支机构管理缅甸的外汇券（FEC）。缅甸计划今后将缅甸经济银行业务从国内商业银行业务扩展到国际金融服务。

缅甸投资与商业银行。始建于1989年，其业务是根据缅甸联邦《外国投资法》《缅甸公民投资法》筹集投资资金，为私营经济发展提供必要的国内外银行业务服务。

缅甸外贸银行。缅甸外贸银行主要经营与外贸业务有关的银行业务。管理外贸中外汇业务和非贸易外汇业务，参与或执行有关外汇收支合同，依据双边贸易协议执行账户清算，经营管理国际国内银行业务，经营的范围有：接受缅币、外币存款，发放担保和未担保贷款，各种债券的发行、接受、贴现、买卖，买卖旅行支票和外币，保险箱业务等。缅甸外贸银行计划今后逐步从专业银行转变为普通商业银行，第一步是受理个人和公司存款及出口贸易的金融服务。

缅甸农业与农村发展银行。其前身是 1953 年成立的国家农业银行，1976 年更名为缅甸农业银行。根据 1990 年颁布的《缅甸农业与农村发展银行法》成立的缅甸农业与农村发展银行，其任务是为促进国内农牧业的发展，为地方经济社会的繁荣进步，每年向农民发放年度、短期和长期贷款。

2 外汇市场

缅甸的外汇管理主要由外贸银行、外汇管理部负责，外汇管理委员会负责分配外汇。缅甸外汇管理规定，未经外汇管理局负责人的许可，任何人在国内不得买卖、借贷、兑换外汇；居住在国外的任何在籍人员不得买卖、借贷、暂时支付、转让、兑换外币。国家规定缅币不得出入国境。但在中缅边境地区，根据贸易部（91）7 号令，边境贸易可使用人民币和缅币。

除外汇管制当局特别批准保留外汇的情况，非贸易外汇收入必须上缴。外汇当局仅对居住在缅甸，与官方业务有关的外国国民给予特许。

缅甸尚未完全解除外汇管制，但随着对外开放力度的加大，外汇汇进汇出自由度增加，外国企业可通过大华银行将美元汇进缅甸，中国工商银行也可协助企业与缅甸外贸银行协商，将投资本金汇入。

根据缅甸《外商投资法》第 39 条规定，符合下列条件的外国企业的资金可通过涉外银行按汇率汇往国外：外资输入人应得的外币；外资输入人应提取的外币；从外资输入年利润中扣除税收及其他费用后的纯收入；扣除税收及家庭成员生活费用后的外籍职员的收入。

缅甸未规定利润等汇出是否缴税，具体缴税比例须与缅甸投资管理委员会协商。

从 2012 年 4 月开始，外国人进入缅甸时，可携带不超过 1 万美元或相当价格货币而不必向海关申报。

3 资本市场

（1）证券市场

目前缅甸尚无正规的证券市场。日本交易所集团与大和证券集团出资协助缅甸建立证券交易所，计划于 2014 年内与缅甸政府共同成立交易所的运营主体。日本政府金融厅也将协助缅甸成立证券监督管理机构。

（3）保险市场

缅甸保险公司是缅甸唯一的国营保险机构，其任务是为保护投保者和国内外企业主的社会及经济利益，提供人寿、航空、工程、石油、天然气、伤残、旅游等多种保险。缅甸保险公司在全国建有 34 个分支机构。

特别提示

★ 截至 2012 年 3 月，缅甸已开设了 4 家国营银行和 20 家私营银行。主要私人银行有妙瓦底银行、甘波扎银行、合作社银行、伊洛瓦底银行、亚洲绿色发展银行、佑玛银行、环球银行和东方银行等。

★ 从 1993 年起，外汇券在缅甸流通，缅币对外汇券汇率与缅币对美元汇率基本相同，截至 2012 年 12 月 31 日，缅甸发行流通的外汇券价值 3092 万美元。2013 年 3 月 20 日，缅甸联邦议会通过取消外汇券的议案。

★ 长期以来，缅甸的外汇业务都由国营银行垄断，私营银行不允许从事外汇业务，2011 年 11 月 25 日，缅甸政府批准包括甘波扎银行、CB 银行、吞方登银行、缅甸工业发展银行、缅甸东方银行、妙瓦底银行、AGB 银行、缅甸先锋银行、伊洛瓦底银行、联合阿玛拉银行及茵瓦银行 11 家私营银行在缅甸开展与国外银行间的贸易以及汇兑业务。

★ 在居民外汇兑换方面，缅甸政府一直限制可以持有外币的人口。2012 年 2 月 1 日开始，缅甸居民可以在指定的私营银行或者外汇兑换处凭身份证兑换外币，每人每日兑换上限为 10000 美元，超过 10000 美元需要提供来源证明。外国居民兑换上限为 500 美元。

★ 缅甸政府多次强调坚持私营银行发展三步走的策略，外资银行在缅甸开展银行业务并建立分行的可能性大大提高。有管理的浮动汇率制使缅甸与国际金融社会的沟通与交流更加便利，同时也降低了投资者可能面对的汇率和货币风险。

★ 对于投资者来说，缅甸政策对银行业的影响还会存在，投资者必须考虑缅甸政治稳定以及政策是否具有延续性的问题。

★ 缅甸目前无股票市场，目前已经在筹备，预计 2015 年 10 月左右开通。

缅甸
MYANMAR

第四篇

双边关系

缅甸
MYANMAR ···

一　双边政治关系

　　1950 年 6 月 8 日中缅建交。20 世纪 50 年代，中缅印三国共同倡导和平共处五项原则。1960 年中缅签订边界条约，圆满解决了历史遗留的边界问题。近年来，中缅两国各领域友好交流与合作进一步加强。2011 年 5 月，缅甸总统吴登盛对中国进行国事访问，两国发表联合声明，将双边关系提升为全面战略合作伙伴关系。2013 年 4 月，吴登盛总统来华进行国事访问并出席博鳌亚洲论坛 2013 年年会，两国发表了联合新闻公报。2014 年 6 月，吴登盛总统来华出席和平共处五项原则发表 60 周年纪念活动并对中国进行国事访问，11 月来华出席加强互联互通伙伴关系对话会。2014 年 11 月，李克强总理赴缅甸出席东亚合作领导人系列会议并访问缅甸。12 月，国家副主席李源潮赴缅出席中国 – 东盟文化交流年闭幕式。

　　近年来中缅两国关系呈现以下特征。

　　一是高层互访较多。2013 年 1 月 15 ~ 18 日，中国商务部副部长陈健一行到访缅甸。1 月 19 日，中国外交部副部长所率领的特别代表团一行在仰光拜会了吴登盛总统。1 月 20 ~ 21 日，中国人民解放军副总参谋长戚建国一行对缅甸进行友好访问。4 月 5 ~ 7 日，缅甸总统吴登盛进行国事访问期间，习近平主席与吴登盛举行会谈，就发展中缅全面战略合作伙伴关系深入交换意见，双方发表了联合声明。

　　二是中国对缅甸投资额虽有所下降，但两国经济合作稳步推进，前景依然广阔。

三是加强文化交流，深化地区合作，丰富两国合作内容。2013 年 9 月 3 日，云南省省长李纪恒在南宁拜会缅甸总统吴登盛。李纪恒表示，要进一步扩大友好合作，云南省将永远做中缅友谊的推动者和实践者。2014 年 3 月 24 日，中国广西 – 缅甸仰光友好省区协议签字仪式举行。根据协议，广西将与仰光加强农业、工业、贸易、投资、文化等领域的交流合作。双方将成立相应机制，推动两省区友好合作关系不断深入发展。

四是加强民间合作，促进"胞波"友谊。2013 年 6 月 16 日，第六届"汉语桥"世界中学生中文比赛于曼德勒举行。2014 年 3 月 13 日，第二届中国 – 缅甸民间交流圆桌会在仰光举行。缅甸总统首席政治顾问吴哥哥莱和中国民间组织国际交流促进会常务副会长李进军在会上致辞时表示，两国民间组织需要采取共同行动，推动务实合作，造福两国人民。2013 年 12 月，第 27 届东南亚运动会在缅甸举办。中国向第 27 届东南亚运动会提供了开、闭幕式组织，运动员培训，竞赛管理系统和体育器材支援四方面的支持。2014 年 3 月 21 日，缅甸《新闻周刊》和《联邦日报》、天网电视台、仰光媒体集团等 7 家主流媒体的记者受邀抵达云南进行考察交流。

二　双边经济关系

中国为缅甸第一大贸易伙伴。根据中国商务部数据，2014年中缅双边贸易额达 249.7 亿美元，同比增长 144.9%，其中中方出口额为 93.7 亿美元，同比增长 27.7%，进口额为 156 亿美元，同比增长 446.2%。

目前中国对缅甸投资存在一定的困境，主要有几方面原因。

一是中国在缅民意基础欠扎实，中资企业在缅甸形象有待提高。中缅两国高层往来密切，合作领域也较为广泛，但有一种观点认为，中国多年来都偏重于与缅甸军方、政府的往来，两国民间交往不足，导致中国在缅甸人民心中的形象不尽如人意，更有部分缅甸人认为，中国与缅甸军政府的密切往来"扶植"了缅甸军政府。此前在缅甸的密松水坝项目和莱比塘铜矿项目因被当地民众投诉拆迁补偿不公、污染环境等遭遇暂停和搁置，中国参与投资建设的中缅油气管道也与管道沿线村民关于赔偿问题存在纠纷。

二是中国在缅甸的较大投资都集中在水电、石油、天然气、矿产等一些资源性领域，被一些缅甸民众误以为有掠夺其资源的嫌疑。

三是中国企业在与当地民众、媒体和社会团体相处方面经验不足，导致双方之间存在不信任和误解。

四是缅甸少数民族地方武装对中国在缅甸投资项目存在安

全威胁。缅甸少数民族武装问题不断发酵，无法保障地区的安全。而中国一些在缅甸的较大投资项目都位于这些少数民族武装地区。例如，中电投集团与缅甸合资成立的伊江上游水电有限责任公司的 6 座水电站均在缅甸政府军与 KIA 的冲突区域；中缅油气管道有 50 公里经过军事冲突区。

特别提示

★ 谨慎处理与昂山素季的关系。2013 年 9 月 15 日，昂山素季在布拉格 2000 论坛国际会议期间，短暂会晤了达赖喇嘛。此举为发展与中国的关系造成了障碍。

★ 随着缅甸政治转型与改革开放的推进，缅甸在环保、征地补偿等各方面的标准也相应提高。加上媒体舆论的引导，缅甸人也将其对中国的不满情绪释放出来，而缅甸政府迫于民意压力，不得不采取相关措施。此外，西方国家对缅甸经济制裁的解除使缅甸面临新的国际形势、外交形势和经济形势，缅甸政府、企业和民众都认为其有更多的选择。对中国来说，缅甸地理位置优越，市场开发度低，潜力巨大。因此，中国在缅甸转型时期，应巩固现有的在缅投资，履行企业社会责任，增加在其他领域特别是在基础设施建设方面的投资，提高企业工作的透明度，加大对外宣传。

★ 缅甸是金三角区域最大的鸦片种植国，为打击毒品
交易，缅甸政府推出了一项综合禁毒计划，力争用
15年时间在全国范围内彻底根除毒患，并与多国签
署了双边合作协议来控制毒品贩运和滥用。缅甸先
后与印度、孟加拉国、越南、俄罗斯、老挝、菲律
宾、中国、泰国签订合作打击贩毒活动的协议。

三 缅甸主要华人商会、社团

1 缅甸中资企业协会

地址：Room No.0305 3rd Floor, Business Suit, Sedona Hotel, Yangon No.1 Kaba Aye Pagoda Road, Yankin Township, Yangon, Myanmar

电话：0095–16669007904

传真：0095–16669007904

2 缅甸华商商会（Myanmar Chinese Chamber of Commerce）

前身为中华商务总会，创立于1909年，1930年改为现名。该商会是缅甸华人社会历史悠久和最有影响力的社团之一，以商务工作为本，以开展和推进经济业务为中心，提供各项投资资讯和商业咨询等服务。其宗旨是：在商言商，促进会员间团结互助，谋求商业发展，加强与侨胞侨社的联系，支持社会公益事业，推进缅甸经济事业繁荣与增强中缅人民的友谊。会员分个人会员和公司会员两种。工作经费来源有会员入会金、年捐及特别捐等。

3 华侨

（1）云南商会

由于云南与缅甸在地理上相邻，云南商人成为影响上缅甸乃至整个缅甸的重要华人群体。上缅甸大部分华侨都来自云南，他们的通行语言是云南话。

云南商人主要从事玉石、木材等原材料的买卖，餐饮以及边境物流、服装批发等工作。云南会馆遍布缅甸，在仰光的中国城区域随处可见云南商会和会馆。

（2）福建商会

东南亚地区是福建商人下南洋的主要目标地区，由于海洋的阻隔，福建商人主要集中在下缅甸包括仰光、毛淡棉、土瓦等地区。由于缅甸政府对下缅甸地区的管制比较严，很多福建华侨已经融入缅甸人中，他们的缅语通常比中文要好。

由于福建商人在泰国、菲律宾、马来西亚、新加坡、中国台湾等地有更多纽带，所以缅甸的福建华侨与上述其他国家和地区的闽侨有较多互动。

福建商人主要从事的是建筑业、娱乐业和小生意等。

福建会馆主要集中在下缅甸，仰光中国城 17 条和 18 条中间的是缅甸福建商会总舵。

（3）广东商会

由于地理原因，广东商人主要集中在下缅甸。广东人到缅甸比较早，早在 19 世纪就有广东人来到缅甸东南部，早期积累了较多的财富。20 世纪 60 年代由于缅甸政府施行反华政策，部分广东华侨返回中国，现在缅甸的广东人相对于云南、福建不是很多。

广东商人主要从事的是餐饮业、原材料加工业和小生意等。从政的广东人比较多。广东会馆在缅甸相对分散，更多的是以家族形式存在的馆所，如李家馆、梁家馆等。平时华侨界组织的活动，广东华侨也都积极参与。

（4）安徽商会

安徽商人进入缅甸的时间相对较短，大部分是 20 世纪 90 年代以后到缅甸闯荡的。

安徽商人主要从事的是建筑装潢业、工程业、餐饮业和小商品贸易等。

四 缅甸当地主要中资企业

境内投资主体	境外投资企业（机构）	归 属	经营范围
中国水利电力对外公司	中国水利电力对外公司驻缅甸代表处	中央企业	全面负责中国水利电力对外公司在缅甸及周边国家的市场开拓以及所承建项目的经营管理
中国石油天然气集团公司	中国石油天然气集团公司缅甸办事处	中央企业	在缅甸从事石油物资装备出口市场开发，配合装备出口合同的执行，与缅进行交流与联络
中信建设有限责任公司	中信建设有限责任公司缅甸代表处	中央企业	配合进行合作项目的可行性研究，负责与政府部门联络，进行市场跟踪，为在施项目提供保障，负责接待等
中国石油集团有限公司	中国石油集团东南亚管道有限公司仰光分公司	中央企业	一般经营项目：施工总承包；管道运输服务；项目投资；投资管理及咨询；从事货物及技术进出口；进行技术开发、技术咨询、管道技术培训
中国船舶重工国际贸易有限责任公司	中国船舶重工国际贸易有限责任公司缅甸代表处	中央企业	从事缅甸军贸、船舶及其他市场的开发，提供售后服务，接待国内赴缅代表团，负责与缅甸有关部门建立联系及进行信息沟通，提供业务咨询等
中国石化集团国际石油勘探开发有限责任公司	中国石化集团国际石油勘探开发有限责任公司缅甸石油有限公司	中央企业	从事石油、天然气勘探、开采、生产和出口等
中国电子进出口总公司	中国电子进出口总公司驻缅甸代表处	中央企业	负责日常商务事务的处理和联络；进行项目跟踪；反馈当地的贸易信息和民用建筑工程信息；与当地政府相关部门进行联络沟通
中国通用技术（集团）控股有限责任公司	中国通用技术（集团）控股有限责任公司缅甸代表处	中央企业	建立和维护有效公共关系；搜集相关信息；进行资源协调；提供后勤保障

境内投资主体	境外投资企业（机构）	归　属	经营范围
中色镍业有限公司	中色镍业（缅甸）有限公司	中央企业	从事矿产普查、勘探、开采、加工、一般贸易和服务业务
中国重型机械有限责任公司	中国重型机械有限责任公司缅甸代表处	中央企业	负责公司在缅甸和周边国家的市场开发，与当地有关部门进行协调联络，并协助完成项目执行及售后服务
中国第一汽车集团进出口有限责任公司	中国第一汽车集团进出口有限责任公司缅甸办事处	中央企业	负责市场开拓、客户服务
中国电力工程有限责任公司	中国电力工程有限责任公司缅甸代表处	中央企业	负责协调和推进公司在缅甸项目的开拓与执行，拓展缅甸工程承包市场
北方国际合作股份有限公司	北方国际（缅甸）有限公司	中央企业	负责工程项目开发与执行
中国船舶工业贸易公司	中国船舶工业贸易公司驻缅甸代表处	中央企业	负责进出口业务、合作生产等业务的协调和市场开拓

详细中资企业名录请参见：

中国商务部"中国对外投资和经济合作"网站⇨"境外企业（机构）"，相关网址为 http：//wszw.hzs.mofcom.gov.cn/fecp/fem/corp/fem_cert_stat_view_list.jsp。

缅甸
MYANMAR

附　录

缅甸
MYANMAR ·

附录一　世界银行·营商环境指数

　　为评估各国企业营商环境，世界银行通过对全球国家和地区的调查研究，对构成各国的企业营商环境的十组指标进行了逐项评级，得出综合排名。营商环境指数排名越高或越靠前，表明在该国从事企业经营活动条件越宽松。相反，指数排名越低或越靠后，则表明在该国从事企业经营活动越困难。

缅甸营商环境排名

缅　甸	
所处地区	东亚及太平洋地区
收入类别	中低收入
人均国民收入总值（美元）	1270
营商环境 2016 年 排名：167，与上一年相比，前进 10 名	

缅甸营商环境概况

　　下图同时展示了缅甸各分项指标与"世界领先水平"的距离，"世界领先水平"反映了《2016 年全球营商环境报告》所包含的所有经济体在每个指标方面（自该指标被纳入《营商环境报告》起）表现出的最佳水平。每个经济体与领先水平的距离以从 0 到 100 的数字表示，其中 0 表示最差表现，100 表示领先水平。

指 标	缅 甸	东亚及太平洋地区	经合组织
开办企业			
2016 年与世界领先水平的距离（百分点）：70.02			
程序（个）	11.0	7.0	4.7
时间（天）	13.0	25.9	8.3
成本（占人均国民收入的百分比）	97.1	23.0	3.2
实缴资本下限（占人均国民收入的百分比）	0	9.8	9.6
办理施工许可证			
2016 年与世界领先水平的距离（百分点）：71.03			
程序（个）	14.0	14.7	12.4
时间（天）	95.0	134.6	152.1
成本（占人均收入的百分比）	4.0	1.8	1.7
建筑质量控制指标（0 ~ 15）	9.0	8.6	11.4
获得电力			
2016 年与世界领先水平的距离（百分点）：50.92			
程序（个）	6.0	4.7	4.8
时间（天）	77.0	74.1	77.7
成本（占人均国民收入的百分比）	1673.4	818.8	65.1
供电可靠性和电费指数透明度（0 ~ 8）	0	3.6	7.2
登记财产			
2016 年与世界领先水平的距离（百分点）：49.32			
程序（个）	6.0	5.3	4.7
时间（天）	85.0	74.2	21.8
成本（占财产价值的百分比）	5.1	4.4	4.2

指　标	缅　甸	东亚及太平洋地区	经合组织
土地管理系统的质量指标（0 ～ 30）	4.0	13.0	22.7
获得信贷			
2016 年与世界领先水平的距离（百分点）：10.00			
合法权利指数（0 ～ 12）	2.0	6.2	6.0
信用信息指数（0 ～ 8）	0	3.9	6.5
私营调查机构覆盖范围（占成年人的百分比）	0	14.0	11.9
公共注册处覆盖范围（占成年人的百分比）	0	21.9	66.7
保护少数投资者			
2016 年与世界领先水平的距离（百分点）：26.67			
披露指数	3.0	5.5	6.4
董事责任指数	0	4.7	5.4
股东诉讼便利度指数（0 ～ 10）	3.0	6.4	7.2
纠纷调解指数（0 ～ 10）	2.0	5.5	6.3
股东权利指数（0 ～ 10.5）	5.0	5.3	7.3
公司透明度指数（0 ～ 9）	2.0	4.2	6.4
股东治理指数（0 ～ 10）	3.3	4.6	6.4
少数投资者保护力度指数（0 ～ 10）	2.7	5.0	6.4
纳税			
2016 年与世界领先水平的距离（百分点）：74.8			
纳税（次）	31.0	25.3	11.1
时间（小时）	188.0	201.4	176.6
利润税（占利润的百分比）	25.3	16.7	14.9

续表

指　标	缅　甸	东亚及太平洋地区	经合组织
劳动税及缴付（占利润的百分比）	0.2	9.0	24.1
其他税（占利润的百分比）	5.9	6.5	1.7
应税总额（占利润的百分比）	31.4	33.5	41.2
跨境贸易			
2016 年与世界领先水平的距离（百分点）：55.05			
出口耗时：边界合规（小时）	144.0	51.0	15.0
出口所耗费用：边界合规（美元）	432.0	396.0	160.0
出口耗时：单证合规（小时）	144.0	75.0	5.0
出口所耗费用：单证合规（美元）	140.0	167.0	36.0
进口耗时：边界合规（小时）	120.0	59.0	9.0
进口所耗费用：边界合规（美元）	367.0	421.0	123.0
进口耗时：单证合规（小时）	48.0	70.0	4.0
进口所耗费用：单证合规（美元）	115.0	148.0	25.0
执行合同			
2016 年与世界领先水平的距离（百分点）：24.53			
时间（天）	1160.0	553.8	538.3
成本（占标的额的百分比）	51.5	48.8	21.1
司法程序质量指数（0 ~ 18）	3.0	7.6	11.0
程序	指标		
时间（天）	1160.0		
备案与立案	65.0		
判决与执行	815.0		

续表

指　标	缅　甸	东亚及太平洋地区	经合组织
合同强制执行	280.0		
成本（占标的额的百分比）	51.5		
律师费（占标的物价值的百分比）	47.0		
诉讼费（占标的物价值的百分比）	2.5		
强制执行合同费用（占标的物价值的百分比）	2.0		
司法程序质量指数（0～18）	45.0		
办理破产			
2016年与世界领先水平的距离（百分点）：20.39			
时间（年）	5.0	2.7	1.7
成本（占资产价值的百分比）	18.0	21.8	9.0
结果（0为零散销售，1为持续经营）	0	0	1
回收率（每美元美分数）	14.7	32.5	72.3
启动程序指数（0～3）	2.0	2.2	2.8
管理债务人资产指数（0～6）	2.0	3.1	5.3
重整程序指数（0～3）	0	0.8	1.7
债权人参与指数（0～4）	0	1.4	2.2
破产框架力度指数（0～16）	4.0	6.8	12.1

资料来源：世界银行《2016年全球营商环境报告》。

附录二 其他领事馆信息

中国驻曼德勒总领馆

（Consulate-General of the People's Republic of China in Mandalay）

领　区：曼德勒省、掸邦和克钦邦

地　址：缅甸曼德勒市，35 街，65、66 街之间，路北，Myat
　　　　Power 加油站东侧小路

电　话：00952-35937，34457，34458(总机)

传　真：00952-35944

网　址：http://mandalay.chineseconsulate.org

跋

　　"丝绸之路经济带"和"21世纪海上丝绸之路"战略构想为沿线国家的经贸往来和文化融合带来千载难逢的机遇。作为中国唯一连续经营百年以上、机构网络遍及海内外40多个国家和地区的大型商业银行，中国银行在国际化经营水平、环球融资能力、跨境人民币业务等方面具有独特优势。随着国家"一带一路"战略梦想一步步走进现实，中国银行正励精图治，努力成为实现这个伟大梦想的金融大动脉。

　　"国之交在于民相亲，民相亲在于心相交。""一带一路"战略布局涉及区域广阔，业务广泛。它不仅是一条经济交通之路，更是一条民心交融之路，其建设发展在很大程度上取决于文化的影响力和穿透力。《文化中行——"一带一路"国别文化手册》的付梓，恰逢我行整合海内外资源、布局全球一体化协同发展的关键时期。《手册》以研究海外机构特点和服务对象需求为出发点，致力于解决文化冲突、促进文化融合，力求为海外机构提供既符合中国银行价值理念，又符合驻在国实际的文化指引。

　　《手册》在前期充分调研的基础上，与社会科学文献出版社共同编辑出版。《手册》紧紧围绕业务需求，深耕专业领域，创新工作思路，填补了我行海外文化建设领域的空白。这是中国银行在大踏步国际化背景下，抓紧建设开放包容、具有强大影响力的企业文化的需要，是发挥文化"软实力"、保持集团可持续发展的需要，更是投身国家重大战略部署、担当社会责任的需要。

社科文献出版社是我国社会科学研究领域的权威出版机构，在人文社会科学著作出版方面享有盛誉。在编纂过程中，特别邀请了外交部、商务部专家重点审读相关章节。针对重点领域的工作需要，设置了"特别提示"和"扩展阅读"，为"一带一路"发展战略提供了较为丰富的实例和参考。

文化的力量是无穷的。希望《文化中行——"一带一路"国别文化手册》行之弥远、传之弥久，以文化的力量推动"一带一路"金融大动脉建设，为实现"担当社会责任，做最好的银行"的战略目标添砖加瓦。

2015 年 12 月

后　记

　　《文化中行——"一带一路"国别文化手册》是中国银行在全力服从国家"一带一路"战略，依托百年发展优势，布局全球、协同发展的大背景下编撰的国别类文化手册。由中国银行企业文化部牵头，在办公室、财务管理部、总务部、集中采购中心的大力支持下，在社会科学文献出版社经管分社团队的共同努力下编辑出版。

　　手册在编辑过程中广泛征求了各海外分支机构的意见，得到了雅加达分行、马来西亚中国银行、马尼拉分行、新加坡分行、曼谷子行、胡志明市分行、万象分行、金边分行、哈萨克中国银行、伊斯坦布尔代表处、巴林代表处、迪拜分行、阿布扎比分行、匈牙利中国银行、卢森堡有限公司波兰分行、俄罗斯中国银行、乌兰巴托代表处、秘鲁代表处、仰光代表处、孟买筹备组、墨西哥筹备组、维也纳分行、摩洛哥筹备组、智利筹备组、毛里求斯筹备组、布拉格分行的大力支持，在此一并表示感谢。

　　编写组在编纂过程中参考了不同渠道的相关资料，主要包括外交部国家（地区）资料库，商务部"对外投资合作国别

（地区）指南2014版"，社会科学文献出版社"列国志"大型
数据库，以及中国银行海外分支机构提供的相关资料。

　　本手册系定期更新，欢迎各界提供最鲜活的资料，使手册
更具权威性和客观性。

图书在版编目(CIP)数据

缅甸 / 中国银行股份有限公司, 社会科学文献出版社
编. —北京：社会科学文献出版社，2016.1
（文化中行："一带一路"国别文化手册）
ISBN 978-7-5097-8424-2

Ⅰ. ①缅…　Ⅱ. ①中…　②社…　Ⅲ. ①缅甸 – 概况
Ⅳ. ①K933.7

中国版本图书馆CIP数据核字（2015）第276735号

文化中行："一带一路"国别文化手册
缅甸

编　　者 / 中国银行股份有限公司
　　　　　社会科学文献出版社

出 版 人 / 谢寿光
项目统筹 / 恽　薇　王婧怡
责任编辑 / 高　雁

出　　版 / 社会科学文献出版社·经济与管理出版分社（010）59367226
　　　　　地址：北京市北三环中路甲29号院华龙大厦　邮编：100029
　　　　　网址：www.ssap.com.cn
发　　行 / 市场营销中心（010）59367081　59367090
　　　　　读者服务中心（010）59367028
印　　装 / 北京盛通印刷股份有限公司

规　　格 / 开　本：889mm×1194mm　1/32
　　　　　印　张：3.5　字　数：69千字
版　　次 / 2016年1月第1版　2016年1月第1次印刷
书　　号 / ISBN 978-7-5097-8424-2
定　　价 / 48.00元